Angela C. Korn

Praktische Qualitätssicherung in der Arbeit mit alten Menschen

Angela C. Korn

Praktische Qualitätssicherung in der Arbeit mit alten Menschen

dargestellt an Beispielen aus dem Betreuungsbereich

Ein Leitfaden für die Praxis

Die Chance zur Optimierung der Betreuung von alten Menschen und für alte Menschen

QUALITYBUREAUCOM

Die Deutsche Bibliothek – CIP-Einheitsaufnahme

Korn, Angela C.:
Praktische Qualitätssicherung in der Arbeit mit alten Menschen / Angela Korn
Qualitybureaucom. – Hämmerle, Hohenems, 2001

ISBN 3-900851-95-6

Originalausgabe
ISBN 3-900851-95-6
© 2001 qualitybureaucom – www.quality-bureau.com

Titel: A. Mathis, Graphisches Zentrum, Hohenems
Layout/Satz: jkm qualitybureaucom
Gedruckt auf Werkdruckpapier
Druck und Bindung: Hämmerle Druck, Hohenems
Printed in Austria

Gustav Reitzig, 91 Jahre

Von der Gelassenheit bis zur gelassenen Heiterkeit
ist noch ein weiter Weg

Deutsche Spruchweisheit

INHALT

Vorwort

Fragen nach Effizienz, Effektivität und Qualität im Betreuungs-
und Versorgungsbereich sind nicht erst seit kurzem Diskussions-
themen.
Auch der Betreuungsbereich ist immer wieder Wandlungen unter-
worfen, die auf die Veränderungen durch den Wertewandel und
der finanziellen Mittel, die zur Verfügung stehen, beruhen. Aber
auch auf Grund der neuen Erkenntnisse und Philosophien im
Umgang mit den alten Mitmenschen.

Durch meine jahrelange Erfahrung mit der Qualitätssicherung und
meiner Berufserfahrung im leitenden Management, den durchgeführten Schulungen mit leitenden Mitarbeitern aus Alters- und
Pflegeheimen lag es nahe, den Bereich der Betreuung und Versorgung alter Menschen in eine für die Praktiker in den Institutionen
umsetzbare Vorgehensweise aufzubereiten. Als Grundlage dazu
dienten die von P. Baartmans und mir entwickelten »Zehn Schritte
der Qualitätssicherung«, welche seit langem in der Praxis erprobt
sind.

Dieses Handbuch soll Hilfestellung für die praktische Qualität der
Betreuer und der zu Betreuenden im Versorgungsalltag dienen.
Damit soll eine effiziente Möglichkeit angeboten werden, den
zukünftigen Anforderungen besser Rechnung tragen zu können.

Besonders bedanken möchte ich mich bei meinem Vater Albert O.
Korn der als Fachschulrat a.D. die Korrektur übernahm. Dabei
verlor er auch die praktische Umsetzbarkeit nicht aus den Augen,
besonders da es ihn als »alten Mann« mit doch schon 87 Jahren
persönlich interessierte.

Angela C. Korn

Wir haben mehr Mühe darauf verwendet,
den Menschen zu einem hohen Lebensalter
zu verhelfen, als darauf, ihnen den
Lebensabend schön zu gestalten.

Autor unbekannt

1. Die erfolgreiche Bearbeitung von Problemen in der Altenarbeit durch das Instrument der Qualitätssicherung

Da-Sein, Dabei-Sein, Begleiten, Aktivieren, Erhalten, Beschäftigen sind wesentliche Bestandteile in der Betreuung von alten Menschen. Doch gerade diese Tätigkeiten werden heute noch am wenigsten dokumentiert, strukturiert, überprüft und objektiviert.

Durch die Qualitätssicherung können diese Tätigkeiten in der Argumentation von der Ebene der Subjektivität auf die Ebene der **Beweisbarkeit** übertragen werden.

Durch die Qualitätssicherung wird den Mitarbeitern ermöglicht

- die erarbeiteten Standards laufend zu überprüfen

- Rechenschaft über die administrativen, therapeutischen und pflegerischen Leistungen ablegen und gegebenenfalls Verbesserungen vorzunehmen, sowie

- durch umfassende Dokumentation nachweisen zu können.

> Das Instrument der Qualitätssicherung bietet
> die Möglichkeit, neue Wege
> zur Objektivierung und Transparenz
> in der
> Versorgung und Betreuung von
> alten Menschen
> zu beschreiten

Dies bedeutet aber auch, dass sich das gesamte Betreuungspersonal seiner **Verantwortung** in der Betreuung und Pflege bewusst sein muss.

- **Ohne** die Bereitschaft Verantwortung zu übernehmen ist eine Professionalisierung der Betreuung und Pflege nicht möglich.

- **Ohne** Professionalisierung wird die Forderung der Betreuenden nach mehr Anerkennung ungehört bleiben.

- **Ohne** professionelles Denken ist die Einführung von Qualitätssicherung nicht möglich.

Die Qualitätssicherung fordert und fördert die Bereitschaft, Verantwortung zu übernehmen!

Die Qualitätssicherung verlangt von uns eine Auseinandersetzung mit:
- uns
- unserer täglichen Arbeit
- unseren Mitarbeitern
- den Berufsbildern

Sie ermuntert zum:
- Fragen
- Infragestellen
- Hinterfragen

Es wird deutlich, dass es sich bei der Qualitätssicherung **nicht um ein starres Modell**, sondern um eine dynamische Methode handelt, die **Veränderungen des eigenen Verhaltens** verlangt.

Die Qualitätssicherung bringt Bewegung!

1.1. Nutzen der Qualitätssicherung

Durch die Qualitätssicherung wird den MitarbeiterInnen von Sozialeinrichtungen in der Arbeit mit alten Menschen ermöglicht:

☞ die Bedürfnisse des alten Menschen den Ressourcen angepasst überprüfbar und nachvollziehbar in die Betreuung und Versorgung ein zu bauen,

☞ das Niveau der Betreuungsqualität und des Betreuungsablaufes zu definieren,

☞ das eigene Handeln zu überprüfen,

☞ Rechenschaft über Betreuungs- und Pflegeleistungen ablegen zu können,

☞ durch umfassende Dokumentation Nachweise über das Versorgungsgeschehen zu erbringen,

☞ die erarbeiteten Standards laufend zu überprüfen,

☞ gegebenenfalls Verbesserungen vorzunehmen

und

☞ **somit die Qualität der Betreuung und Versorgung Betagter, unter Berücksichtigung der vorhandenen Ressourcen zu sichern.**

1.2. Was ist keine Qualität in der Altersarbeit?

Allen Mitarbeitern in den Betreuungseinrichtungen sind **Unwägbarkeiten** bekannt, die eine Organisation in festgefahrene Strukturen erstarren lassen.

Die Qualitätssicherung als Instrument zur **Problembe-arbeitung** und **Problemlösung** bietet die Möglichkeit, den nachstehenden Albträumen wirksam und entschlossen begegnen zu können.

Der **Eugen Roth** würde mit den Worten beginnen:
»*Ein alter Mensch ....*«

- ruft interessiert in einem Seniorenheim an und niemand nimmt das Telefon ab bzw. niemand weiß über die genauen Aufnahmemodalitäten Bescheid.

- wird alleine auf Grund seiner äußerlichen Merkmale auf- oder nicht aufgenommen.

- erlebt die Vorgespräche und Prospektinhalte und die zu lebende Praxis als zwei unterschiedliche Galaxien

- fühlt sich in ein Heim hineingelockt, das er niemandem weiterempfehlen wird.

- ringt mit BetreuerInnen und PflegerInnen, die nicht auf ihr Einfühlungsvermögen und Können überprüft werden.

- erkennt, dass die Worte Organisationsentwicklung und Personalentwicklung für die Heimleitung unbekannte bzw. anarchistische Begriffe sind.

- sieht seinen Lebensabend nunmehr als notwendiges unentrinnbares Übel.

- *und letztendlich als einziges Entwicklungsziel die gnadenvolle Demenz
    ad continuum*

Wer sich den Aufwand nicht leistet, wird den Nutzen nicht erfahren!

....und ist morgen wegen unzureichender Qualität nicht mehr wettbewerbsfähig.

Deutsche Gesellschaft für Qualität e.V. Frankfurt am Main

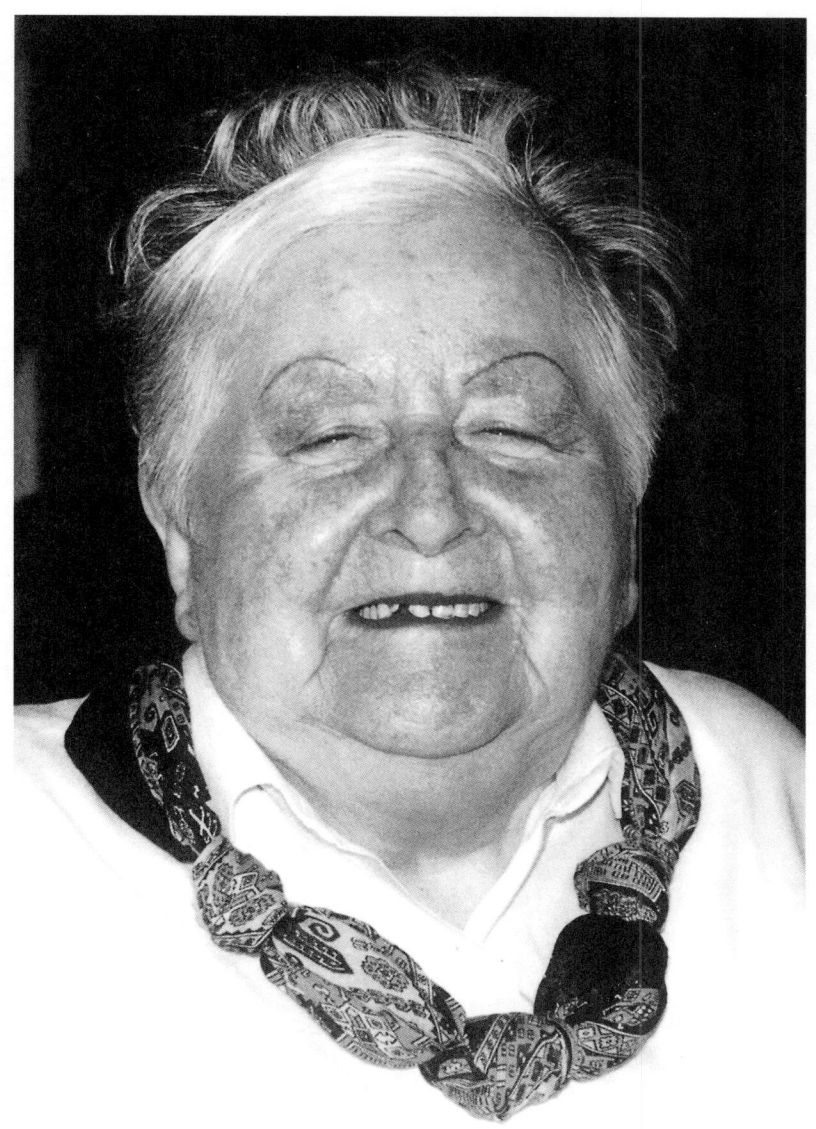

Friederike Saleta, 81 Jahre

Das Lachen erhält uns vernünftiger als der Verdruß.

*Gotthold Ephraim Lessing (1729 - 1781), deutscher Schriftsteller,
Kritiker und Philosoph der Aufklärung*

2. Definitionen und Bestandteile der Qualitätssicherung

2.1. Was ist Qualität?

An den Beginn des Versuchs »Qualität« zu definieren, möchte ich aus den vielen unterschiedlichen Definitionssätzen des Begriffes »**Qualität**« einen für unser Thema passenden formulieren.

Definition der Qualität

Im umgangssprachlichen Gebrauch wird der Qualitätsbegriff meistens in Form von Sinneseindrücken gebraucht; etwas ist heiß oder bitter, bedeutet eine bestimmte Qualität zu benennen, ohne zu sagen ob dies positiv oder negativ ist.
Erst wenn jeder für sich bewertet, ob der Begriff »heiß« in einer bestimmten Situation oder für das Erreichen eines bestimmten Ziels positiv oder negativ erscheint, wird ein **fassbares Bewertungsmerkmal** daraus. Zum Beispiel bewertet man einen heißen Ofen im Winter als angenehm (positiv). Ein heißer Ofen im Sommer wird jedoch als unangenehm (negativ) empfunden.

fassbares Bewertungs- merkmal

Das bedeutet, dass wir von der jeweiligen Zielsetzung für eine Tätigkeit oder der Anforderung an ein Produkt ausgehen müssen, um dessen Qualitätsmerkmale zu bestimmen oder zu bewerten.
Diese Merkmale sind allerdings abhängig von dem jeweiligen Betrachter und somit immer **subjektiv**.

Die **WHO definiert** Qualität im Lexikon für Qualitätssicherung folgendermaßen:

Definition der WHO

».... Qualität ist das Maß, worin der zu erzielende Gewinn in der Gesundheit mit einem minimalen Gebrauch von Mitteln in die Tat umgesetzt wird.«

»Qualität ist das Maß von Übereinstimmung zwischen den gesetzten Zielen und der durchgeführten Pflege.«

Diese Definition sagt unter anderem, dass gute Qualität nicht automatisch mehr Kostenaufwand beinhalten muss.

Auf Grund dieser Erkenntnisse und Erfahrungen möchte ich Qualität folgend definieren:

»Die Differenz zwischen der geplanten erreichbaren Zielvorgabe (Leitlinien - Betreuungskonzepte - Pflegeziele) und dem tatsächlich Erreichten!«

= je kleiner die Differenz - umso größer ist die Qualität

Qualitätssicherung ist der Prozess der Bestimmung der Qualität, diese auszuführen und zu überprüfen.

2.2 Ziel der Qualitätssicherung in der Arbeit mit alten Menschen

Das Ziel der Qualitätssicherung ist:

> ➤ **Unzulänglichkeiten im Betrieb und im Betriebsablauf und deren Ursache zu erkennen**

> ➤ **geeignete Maßnahmen zu deren Abhilfe zu bestimmen**

> ➤ **und diese auch durchzuführen.**

> ➤ **Das Erreichen oder Beibehalten des gewünschten Zieles**

> ➤ **durch konsequente Überprüfung**

> ➤ **zu sichern**

2.3. Was ist die Qualitätssicherung?

Qualitätssicherung ist der Prozess des **Beschreibens von Zielen** oder einer Aufgabe.
Sie legt **Kriterien** fest und misst das Erreichte anhand von erarbeiteten **Standards**.
Letztendlich Gewähr leistet sie die **Sicherung** der Qualität durch regelmäßige **Überprüfung**.

Ziel der Qualitätssicherung ist es, **Unzulänglichkeiten in der Versorgung** und deren Ursachen zu erkennen, geeignete Maßnahmen zu deren Abhilfe zu bestimmen und sie auch durchzuführen. (Eugen Hauke)

Sie beinhaltet zwei aufeinander folgende und sich ergänzende Stufen:

1. die Überprüfung der Qualität der Betreuung/Versorgung
2. die Verbesserung und/oder Beibehaltung der Qualität der Betreuung/Versorgung.

Mit der Qualitätssicherung ist für die Betreuenden ein Instrument vorhanden, das nicht nur zum Zwecke statistischer Methoden genutzt werden kann.

Veränderungen

Sie setzt vor allem einen Bewusstseinsprozess in Gang, mit dem **Veränderungen** gezielt und geplant durchgeführt werden können.

Bei der Überlegung Qualitätssicherung im Bereich der Altenversorgung einzuführen, müssen nachstehende Punkte bedacht werden:

**Qualitätssicherung kostet
Geld,
Zeit und Energien;**

**aber keine Qualität in der Betreuung und
Versorgung zu Gewähr leisten,**

- kostet mehr Geld

- mehr Zeit

- mehr Energien

**- und im schlimmsten Fall
Einbußen in der Lebensqualität,
der Gesundheit
oder sogar das Leben der zu Betreuenden.**

In der Qualitätssicherung können wir drei wesentliche Ansätze unterscheiden:

- Interne Qualitätssicherung
- Externe Qualitätssicherung
- Interne Qualitätssicherung mit externer Beratung

2.3.1. Interne Qualitätssicherung

Interne Qualitätssicherung entsteht im Idealfall
- ☞ von innen heraus
- ☞ ohne Druck von außen
- ☞ über selbstreflektorisches Beleuchten des eigenen Handelns
- ☞ und ist eingebettet in ein bestehendes oder sich entwickelndes Qualitätsmanagement.

Interne Qualitäts- sicherung

Die Mitarbeiter oder die Institution/Station bringen selbst die **Notwendigkeit** der Qualitätssicherung zur Sprache und entwickeln die Qualitätssicherung in ihrem Bereich.
Dieses ist möglich sowohl als Einzelperson, oder als Team einer Wohneinheit, Station bzw. Abteilung.

Notwendigkeit

Die interne Qualitätssicherung beinhaltet aber auch die **Verpflichtung**, **aufgedeckte Mängel** durch eigenes Handeln **zu beheben** oder Verbesserungsmöglichkeiten zu erkennen und Strategien zu ihrer Erreichung zu erarbeiten.
Dabei entscheiden sie selbst über die Notwendigkeit von externen Hilfen unterstützt zu werden (Moderation der Sitzungen, externe Experten).

Verpflichtung Mängel zu beheben

2.3.2. Interne Qualitätssicherung mit interner Begleitung

Als besondere Form der internen Qualitätssicherung soll hier der am Landeskrankenhaus Rankweil/Vorarlberg entwickelte Ansatz der

»Internen Qualitätssicherung mit interner Begleitung«

vorgestellt werden.

Eine in Qualitätssicherung ausgebildete Führungsperson (PDL/Heimleitung) vermittelt interessiertem Personal die theoretischen Grundlagen der Qualitätssicherung in einem Seminar.
Die Gruppengröße sollte anfänglich 10-15 Personen nicht überschreiten.
Wichtig ist, dass neben dem interdisziplinären mittleren Kaderpersonal auch Mitarbeiter von der Basis teilnehmen, um eine bessere Übertragung der erarbeiteten Projekte in die Praxis zu Gewähr leisten. Außerdem verhindert es Einzelkämpfersituationen.

Ziel der Gruppe ist es, bei **regelmäßigen Workshops** die laufenden Projekte zu besprechen und eventuell gemeinsam abzuändern.

Gleichzeitig werden Termine gesetzt und deren Einhaltung überprüft. Das **gemeinsame Erarbeiten** weiterer Projekte und die gegenseitige Hilfestellung ist die logische Weiterentwicklung.

Durch die intensive Zusammenarbeit mit **gegenseitiger Reflexion** entwickelt sich eine entsprechende **Dynamik** in der ein effizientes und effektives Arbeiten möglich wird.

Der Leitung der Qualitätssicherungsgruppe obliegt die Führung der Gruppe und die Sicherstellung aller im Rahmen ihrer Möglichkeiten zur Verfügung stehenden **Kompetenzen**.

Kompetenzen

Sie ist verpflichtet im Rahmen ihres Aufgabengebietes alle **Konsequenzen** die sich aus den Projekten ergeben durchzuführen oder deren Durchführung von anderen Stellen der Institution zu erwirken.

Konsequenzen

Für diese Tätigkeit ist eine **Stellenbeschreibung** (besonders bei Kompetenzerweiterung) unumgänglich. (Siehe Anhang: Stellenbeschreibung)

Durch eine Erweiterung der bestehenden Qualitätssicherungsgruppe durch neu ausgebildete MitarbeiterInnen aller Berufsgruppen, können im **Schneeballsystem** weitere Bereiche der Institution erfasst werden.

Schneeball-system

Damit ist eine sukzessive Einbindung großer Bereiche der Institution **langfristig Gewähr leistet**.

2.3.3. Externe Qualitätssicherung

Bei der **externen Qualitätssicherung** wird z.B. einem Betreuungsteam/Pflegeteam oder der Leitung einer Abteilung eine Problemstellung zur Bearbeitung übertragen, ohne dass zunächst eine Einflussmöglichkeit der Ausführenden auf die Fragestellung vorhanden ist.

Ein Beispiel für **externe Qualitätssicherung** könnten Arbeitsgruppen darstellen, welche sich mit der Erarbeitung von überregional relevanten Problemstellungen (wie z. B. EG-Studien) beschäftigen.

externe Qualitäts-sicherung

> **Es ist prinzipiell positiv zu bewerten,
> wenn dies als Standortbestimmung
> und/oder
> Vergleiche mit anderen Institutionen
> genutzt werden kann
> und Konsequenzen intern oder extern
> (z. B. Träger) nach sich zieht.**

2.3.4. Interne Qualitätssicherung mit externer Beratung

Dieses Modell eignet sich besonders zur Einführung von Qualitätssicherung in Institutionen, die noch nicht mit Qualitätssicherung arbeiten oder gerade damit beginnen wollen und auf keine erfahrenen internen Experten zurückgreifen können.

externe Begleitung

Die **externe Begleitung** dient dazu, die Mitarbeiter vor Ort in die Lage zu versetzen, eigene Strukturen zur Durchführung von Qualitätssicherung in ihrem Haus zu erarbeiten und fachlich zu beraten.

Welche Strukturen in diesem Haus erarbeitet werden sollen, entscheidet die Hausleitung mit den Mitarbeitern **ohne Druck** von außen.

ohne Druck

externe Hilfen

Externe Hilfen können zum Beispiel sein:

☞ **Schulung** der Methoden und ihre möglichen Anwendungen

☞ **Hilfestellung** bei Konzepterarbeitung zur Einführung der Qualitätssicherung

☞ **Aufzeigen** der schon vorhandenen qualitätsverbessernden Strukturen und Unterstützung bei der Nutzung der vorhandenen Möglichkeiten

☞ **Anleitung** beim Aufbau noch nicht vorhandener Möglichkeiten

☞ **Hilfestellung** bei der Analyse und Problemlösung

☞ **Bereitstellung** von Projektansätzen anderer Institutionen unter Berücksichtigung des Datenschutzes.

Institutionsvergleiche (Benchmarking) können dabei hilfreich unterstützen.

Heim- und/oder Stationsvergleiche dienen nur zur Standortbestimmung - sie dürfen nie als Druckmittel verwendet bzw. missbraucht werden.

Hierbei sind natürlich besonders die **Kosten**, welche für die Beratung durch die Experten anfallen zu berücksichtigen.

Kosten

Derzeit boomt das »Geschäft Qualitätssicherung«, weshalb genau zu prüfen ist, für welches Geld welche Leistung erbracht wird und welchen Nutzen die Institution davon hat.

2.3.5. Umfang der Qualität

Zu einer **umfassenden Qualitätssicherung** im Betreuungsbereich gehört, dass in die Qualitätssicherungsmaßnahmen alle beteiligten Bereiche miteinbezogen werden.

umfassende Qualitätssicherung

Zu diesen Bereichen können gehören:

⇨ BewohnerInnen

⇨ Angehörige

⇨ administrativer Bereich
    Rechtsträger, Budget, Gesetze,
    Krankenkasse, politische Ebene,
    Hotelleistungen, Hauswirtschaft,
    Logistik,

⇨ externe Partner
    niedergelassene Ärzte, Hauskrankenpflege/
    Spitex, Zulieferfirmen,

⇨ Heimleitung/Pflegeleitung

⇨ Mitarbeiter aus allen Bereichen der Institution

⇨ Praktikanten
    freiwillige Helfer,
    Schüler

2.4. Wichtige Begriffe in der Qualitätssicherung

2.4.1. Strukturqualität

Dies sind **äußere Bedingungen** der Altersversorgung wie z.B.:

- ☞ Lage und Erreichbarkeit
- ☞ Ausstattung des Gebäudes, z.B. Zimmergrößen oder Bettenzahl
- ☞ Nebenräume und zusätzliche Leistungen, z.B. wie: Cafeteria, Biblio-/Videothek, Gartenbenützung, Tiergehege, etc.
- ☞ Ausstattung mit Personal
- ☞ Qualifikationen des Personals
- ☞ Regeln, Richtlinien wie z.B.: Heimordnung, Unternehmensphilosophie, gesetzliche Vorschriften

Für Strukturqualität sind primär der **Träger** sowie die für die **Finanzierung Zuständigen** verantwortlich.

2.4.2. Prozessqualität

Die Prozessqualität bezeichnet den **Versorgungsablauf**. Sie stellt die Gesamtheit aller Aktivitäten, die zwischen dem gesamten Personal wie:

Pflege, Hauswirtschaft, Ärzte, Seelsorge, Verwaltung und Administration, der Einrichtung und Ausstattung
sowie
den BewohnerInnen/Klienten
ablaufen, dar.

Die Prozessqualität wird als **wichtigster Aspekt** der Qualitätsbeurteilung betrachtet.

Prozessverbesserungen erfordern:

☞ das Erkennen in Zusammenhängen
Verständnis für die betrieblichen Abläufe

☞ das Erkennen von Verknüpfungen
Fehlermechanismen und ihre Ursachen

☞ die Berücksichtigung von Auswirkungen
auf die Funktion/Folgen beim Kunden/
Klienten

(Deutsche Gesellschaft für Qualität e.V. Frankfurt am Main)

2.4.3. Ergebnisqualität (Outcome)

Sie kann sich aus der Veränderung von Strukturen und Prozessen ableiten, aber auch durch die Überprüfung einer Fragestellung.
Die Beurteilung von Ergebnisqualität leitet sich aus dem

**Zufriedenheit
der Bewohner**

Gesundheits- und Zufriedenheitszustand

der BewohnerInnen ab.

Dies gestaltet sich oft schwierig, da **subjektive Faktoren** ein wesentlicher Bestandteil einer Beurteilung sind.

**Gute Strukturqualität muss nicht
zwangsweise eine gute
Prozess und/oder Ergebnisqualität
hervorbringen**

34

2.4.4. Interkollegiale Prüfung

Ein Beispiel zur interkollegialen Prüfung:

Eine Pflegeperson der Abteilung YZ wird gebeten auf der gerontologischen Abteilung eine Befragung aller immobilen Pflegefälle mittels Fragebogen durchzuführen.
Ziel der Befragung soll sein, ob allen Patienten nachmittags eine adäquate Beschäftigungsmöglichkeit angeboten wurde.
Dieses Ergebnis muss wertfrei dem Betreuungsteam zur Verfügung gestellt werden.

2.4.5. Kontrolle in der Qualitätssicherung

Die **Kontrolle** ist ein **wesentlicher Bestandteil** der Qualitätssicherung.

Ohne sie ist es nicht möglich:

⇨ einen Ablauf zu evaluieren
⇨ Standortbestimmungen vorzunehmen
⇨ das Einhalten von Terminen zu überprüfen
⇨ das Erreichen der Ziele oder Teilziele festlegen zu können

Die Kontrolle, die Überprüfung oder die Evaluation ist ein unverzichtbares Instrument der Qualitätssicherung.

Die Qualitätskontrolle die nicht als Teil der Qualitätssicherung dient, kann auch in der Betreuung durchaus Verwendung finden, wenn es um Probleme geht, die den Aufwand eines Qualitätssicherungsprozesses nicht rechtfertigen.

Kontrolle

unverzichtbares
Instrument

2.5. TQM ⇨Total Quality Management

Das TQM ist ein unternehmensumfassendes
= systemisches Managementkonzept.

Das Merkmal des TQM ist die Erweiterung des Qualitätsgedankens zu einem das **ganze Unternehmen umfassenden** Qualitätssystems.
(Kaltenbach 1991)

Geschichte:
Entwickelt wurde das TQM in Japan in den 50er-Jahren. Schon zu dieser Zeit begann Japan, sich mit den Qualitätsproblemen auseinander zu setzen. Die Quintessenz dieser Auseinandersetzung war, dass **Qualität nicht erprüft**, **sondern nur erbracht** oder produziert werden kann.

Deshalb mussten die Qualitätsbemühungen eine **unternehmensweite** Qualitätsausrichtung unter der Beteiligung sowohl der einfachen Arbeiter als auch des Managements beinhalten.

Wichtige Voraussetzung ist auch hier, dass die Qualitätssicherung als Managementaufgabe begriffen wird und im weiteren als **Führungsphilosophie** gesehen werden muss.

Ein umfassendes Qualitätsmanagement, übertragen auf den Betreuungsbereich, könnte heißen:

1.) Das TQM beinhaltet die Beteiligung aller an der Betreuung oder Versorgung tätigen Berufsgruppen, **insbesondere der Gruppe der alten Menschen.**

unternehmensweite
Führungsphilosophie

Beteiligung
der Klienten

2.) Das TQM ist ein System, das eine **permanente** Auseinandersetzung **mit der Qualität und der Verbesserung der Qualität** im Auge hat.

3.) Die Qualität ist die **Managementaufgabe** der Heim- und Pflegeleitung

4.) Ziel aller Qualitätssicherungsbemühungen sollte das Erreichen eines **systematischen Qualitätsmanagements** sein.

38

2.6. Dokumentation in der Qualitätssicherung

Über die **Wichtigkeit** einer entsprechenden Dokumentation in der Betreuung und Versorgung alter Menschen wurde bereits von mehreren Autoren hingewiesen.
Diese Notwendigkeit muss in Bezug auf die Qualitätssicherung besonders unterstrichen werden.
Aus diesem Grund wird der Dokumentation hier ein **eigenes Kapitel** gewidmet.

Bedeutung

> **Nichts ist nachweisbar / überprüfbar
> was nicht dokumentiert wurde!**

Da in der Qualitätssicherung viele verschiedene Faktoren, Meinungen, Ansichten, Mitarbeiter und Berufsgruppen zur Problemlösung ein Miteinander bilden, müssen jeder Schritt, jede Besprechung, alle Teamsitzungen, Lösungsfindungen, Diskussionen et cetera **nachvollziehbar** dokumentiert werden.

Nachvollziehbarkeit

Bei einer solchen Vielfalt an Ideen, Meinungen, Charakteren und Mentalitäten kann nicht erwartet werden, dass alle an diesen Prozessen Beteiligten sämtliche Vorgänge der gesamten Projekte über längere Zeit objektiv im Gedächtnis speichern können.

Eine ganz besondere Bedeutung hat die Dokumentation auch für die Argumentation vorgesetzten Dienststellen oder Behörden gegenüber.

> **Je klarer und lückenloser die Dokumentation,
> umso einfacher ist die Argumentation!**

Falls Mittel (Sachmittel - und/oder Personen) notwendig werden, lässt sich mit einer exakten Dokumentation der **Beweis** über die **Dringlichkeit** antreten.
Zudem ist die Analyse verschiedener Abläufe einfacher. Die **Nachvollziehbarkeit** getroffener Entscheidungen ist auch nach längerer Zeit noch gegeben, besonders wenn die Entscheidungsfindungsprozesse ausführlich genug beschrieben wurden.

Ab einem gewissen Zeitpunkt wird es wichtig werden, **die eigene Arbeit** im Rahmen der Qualitätssicherung anderen Bereichen der Institutionen oder eventuell auch dem Rechtsträger **vorzustellen**.

Für die Ausarbeitung einer solchen Präsentation ist eine lückenlose Dokumentation Voraussetzung.

Und wenn nach viel engagierter Arbeit der Wunsch besteht, die Projekte dem gesamten Haus als Information und/oder Arbeitsanleitung in Skriptform zur Verfügung zu stellen, oder in einer Fachzeitschrift zu veröffentlichen, wird diese Dokumentation wiederum notwendig und hilfreich sein.

Somit **dient die Dokumentation** als:

- Gedächtnisstütze
- Argumentationshilfe
- Beweismittel
- Instrument zur Analyse
- Präsentationshilfe
- Publikationsgrundlage

Albert O. Korn, 87 Jahre

Im Alter kommt es nur darauf an,
mit wieviel Heiterkeit man seinem
rüstigen Verfall entgegengeht.

Alexander Lernet-Holenia (1897 - 1976),
österreichischer Lyriker, Bühnenautor, Erzähler,
Dramatiker und Übersetzer

3. Handlungsanleitungen zur Durchführung der Qualitätssicherung

Für die Einführung der Qualitätssicherung in die Praxis wurden von Korn/Baartmans die »Zehn Schritte der Qualitätssicherung« entwickelt.
Besonders für Neueinsteiger dienen sie als Arbeitsgrundlage. Es wird daher empfohlen nach diesem Stufenplan Schritt für Schritt vorzugehen. Im weiteren Verlauf können die zehn Schritte variabel zur Orientierung angewendet werden.

1. Schritt: Thema
☞   bestimmt/bekannt/festgehalten

2. Schritt: Grobe Beschreibung des Problems
☞   Was ist bei diesem Thema das Problem?

3. Schritt: Grobe Zielsetzung
☞   Veränderung/Verbesserung

4. Schritt: Präzise Beschreibung des Problems

5. Schritt: Zusammensetzung der Projektgruppe

6. Schritt: Beschreibung des SOLL-Zustandes in Form von Kriterien und Standards
☞   Auflisten der für das Problem relevanten Normen (Gesetze, professionelle Normen, wissenschaftliche Normen)

7. Schritt: Erhebung des IST-Zustandes
☞   Messinstrumente entwickeln, Durchführung der Erhebung, Vergleich des SOLL-IST Zustandes, Präsentation der Ergebnisse

8. Schritt: Problemlösung
   ☞ Maßnahmenplan erstellen,
      Durchführung der erarbeiteten Lösungs-
      möglichkeiten

9. Schritt: Erhebung des neuen IST-Zustandes,
   ☞ Analyse der 1. und 2. Erhebung,
      Ursachenanalyse bei Nichterreichen des
      Standards

10. Schritt: Manöverkritik
   ☞ Was ist gut gegangen, was weniger,
      was sollten wir das nächste Mal
      anders machen?

3.1. Die »Zehn Schritte der Qualitätssicherung«
(nach Angela C. Korn/Paul C. M. Baartmans)

1. Thema
bestimmt/bekannt/festgehalten
⇩

2. Grobe Beschreibung des Problems
Was ist beim Thema das Problem?
⇩

3. Grobe Zielsetzung
Veränderung/Verbesserung.
⇩

4. Präzise Beschreibung des Problems
⇩

5. Zusammensetzung der Projektgruppe
⇩

**6. Beschreibung des SOLL – Zustandes in Form
von Kriterien und Standards**
Auflistung der für das Problem relevanten Normen
(Gesetze. professionelle/wissenschaftliche Normen)
⇩

7. Erhebung des IST-Zustandes
Messinstrumente entwickeln
Durchführung der Erhebung
Vergleich SOLL – IST Zustandes
Präsentation der Ergebnisse
⇩

8. Problemlösung
Maßnahmenplan erstellen
Durchführung der erarbeiteten
Lösungsmöglichkeiten
⇩

9. Erhebung des neuen IST – Zustandes
Analyse der 1. und 2. Erhebung
Ursachenanalyse bei Nichterreichen des Standards
⇩

10. Manöverkritik
Was ist gut gegangen, was weniger, was sollten
wir das nächste Mal anders machen?

3.2. Nachstehend werden die einzelnen Schritte ausführlich erläutert:

3.2.1. 1. Schritt: Thema bestimmt/bekannt/festgehalten

Berufsalltag

Viele Probleme sind im **Berufsalltag** bekannt oder werden erahnt, gespürt oder gefühlt.

Unmuts-äußerungen

Unmutsäußerungen von Bewohnern bzw. Angehörigen wie:

> »Mir ist so langweilig«,
> »Nie wird etwas mit mir unternommen«,
> »Ich warte schon seit zwei Stunden!«,
> »Jetzt bin ich schon einer Woche da und kenne
>   mich noch immer nicht aus«

sind Äußerungen die viele kennen, aus denen aber aus mancherlei Gründen nicht immer gezielte Konsequenzen gezogen werden.

Weitere Beispiele können Aussagen von Mitarbeitern sein, wie:

»Jetzt machen wir schon so viel mit den Bewohner-Innen und noch immer sind sie unzufrieden«,

oder »Schon wieder wird von der Pflegestation der Bewohner Herr X nicht übernommen, immer sind wir die Dummen«! »Die Angehörigen sind wirklich keine Hilfe!«

Grundlage für Qualitätssiche-rungsprojekte

Diese und ähnliche Formulierungen können bzw. sollten die **Grundlage** für Qualitätssicherungsprojekte bilden.

Für die **Problemformulierung** kann auch die Problemsammlung mit anschließender Prioritätensetzung herangezogen werden.

46

Problemsammlung:

Es muss immer beachtet werden, dass die Betreuung/Versorgung und/oder die Situation der/s BewohnerIn und seiner/ihrer Angehörigen verbessert bzw. gesichert werden soll.

Probleme die nicht klientenbezogen sind, eignen sich nicht für die Qualitätssicherung.

Die **Problemsammlung** kann folgendermaßen durchgeführt werden:

Problem-sammlung

- Bei der nächsten Teamsitzung bitten Sie alle MitarbeiterInnen innerhalb von fünf bis zehn Minuten alle Probleme, die ihnen spontan einfallen aufzulisten.
Oder:
- Sie legen ein Heft auf, in das jedes Teammitglied die aktuell aufgetretenen Probleme in einem bestimmten Zeitraum aufschreiben soll.

Nach dieser Problemsammlung wird eine **Sichtung** vorgenommen.
Zur besseren Übersicht kann bei Bedarf ein Auflisten in Untergruppen dienlich sein.
Die hierbei **stattfindende Diskussion** ist ein **wichtiger Bestandteil** der Qualitätssicherung. Dazu sollten alle involvierten Mitarbeiter einbezogen werden, um eine entsprechende Basis für daraus resultierende Projekte zu schaffen.

Bei der Einführung der Qualitätssicherung sollte darauf geachtet werden, dass mit **kleinen, überschaubaren Projekten begonnen** wird.

Beginn mit kleinen überschaubaren Projekten

Nach einiger Erfahrung mit dem Instrument Qualitätssicherung können größere, komplexere Problemstellungen bearbeitet werden.

»Eine utopische Zielsetzung ist immer zu vermeiden!«

Bei dieser ersten Diskussion kristallisiert sich schon unter Umständen das für alle am wichtigsten erscheinende Problem heraus.
Sollte bei dieser Diskussion keine Einigung erzielt werden, folgt das Setzen von Prioritäten.

Prioritätensetzung:

Setzen von Prioritäten

Stellen sie zunächst die ihnen unlösbar erscheinenden Probleme zurück, auch wenn Sie als noch so dringlich, wichtig und störend empfunden werden. **Unlösbare Probleme** sind eben zu diesem Zeitpunkt nicht lösbar. Wählen sie für die Qualitätssicherung nur »ein« Problem aus; sie können mit wachsender Erfahrung im Umgang mit diesem Instrument anschließend weitere und schwerere Probleme bearbeiten.

Bei der Auswahl des Problems müssen folgende Punkte beachtet werden:

Die Veränderung des Problems sollte durch
> eigenes Verhalten
> eigenes Handeln
> Information
möglich sein.

Das Problem muss
- **häufig auftretend,**
- **wichtig und störend, und**
- **für alle verständlich formuliert sein.**
   (inkl. einer kurzen Erläuterung
   warum dies ein Problem ist)

Um diesen Vorgang zu erleichtern schlage ich vor, nachstehenden Bogen zu benutzen.

PRIORITÄTENBOGEN:

Nr.	Problembeschreibung	wichtig	lösbar

Erläuterung des Prioritätenbogens:

Alle im Team gesammelten und zusammengefassten Probleme werden auf diesem Bogen eingetragen. Die Mitarbeiter haben nun die Aufgabe eine **Bewertung** durch eine vorgegebene Punktzahl vorzunehmen.
Die Bewertung erfolgt **rein subjektiv**, d.h. nach persönlicher Einschätzung. Jedes Problem »muss« bewertet werden.

Nach dem Einsammeln der ausgefüllten Bögen kann durch Addition der vergebenen Punkte die **Gewichtung** vorgenommen werden.

Die Bekanntgabe der **Auswertung erfolgt im Team.** Dadurch wird die Möglichkeit einer erneuten Diskussion und Ausräumung eventueller Diskrepanzen ermöglicht.

Bewertung

rein subjektiv

Auswertung im Team

**Wichtige Voraussetzung zur Datensammlung ist die so genannte Datenwahrheit.
Falsche Angaben verhindern Problemlösungen.**

**Es muss jedem bewusst sein:
➤wer mit Sanktionen arbeitet,
kann keine große Ehrlichkeit erwarten◄
oder:
je größer der Druck umso größer die Schummelei!**

3.2.2. 2. Schritt: Grobe Beschreibung des Problems Was ist bei diesem Thema das Problem?

Bei diesem Schritt wird beschrieben, was bei dem ausgewählten Thema das Problem ist. Dabei geht es nicht um die differenzierte Beschreibung des Problems, sondern um die Einengung des Bearbeitungsbereiches.

Zum Beispiel wenn das Thema die Zusammenarbeit mit dem hauswirtschaftlichen Bereich ist, kann die grobe Problembeschreibung lauten:

Die Informationsweitergabe zwischen den beiden Berufsgruppen ist lückenhaft.

Oder: Die Kompetenzen beider Berufsgruppen sind nicht geregelt; Kompetenzüberschreitungen sind die Folge.

Oder: Die Kommunikation und die Zusammenarbeit sind mangelhaft. Daraus resultiert eine unzureichende Versorgung verschiedener Bewohner.

3.2.3. 3. Schritt: Grobe Zielsetzung Veränderung/Verbesserung

Nach der allgemeinen Problemformulierung erfolgt die **grobe Beschreibung,** welche Veränderungen erreicht werden sollen, wie z.B.

⇨ keine Langeweile im Heim
⇨ ausreichende adäquate Information für die/den BewohnerIn
⇨ altersentsprechende Kost und Darreichungsform

Bei diesem Schritt ist nur die **Zielrichtung** wichtig, es wird noch nicht die Ausarbeitung der Feinziele vorgenommen.

3.2.4. 4. Schritt: Präzise Beschreibung des Problems

> **Dieser Schritt ist einer**
> **der wichtigsten und zugleich**
> **schwierigsten Punkte**
> **im Qualitätssicherungsprozess!!**

exakte Definition

Eine **exakte Definition** sagt uns, was wir über das Problem wissen wollen und was wir wirklich verändert haben wollen.
Sie ist die Voraussetzung zur Erarbeitung der Kriterien und Standards.

intensive Diskussion

Die Praxis hat gezeigt, dass eine **intensive Diskussion** über die Formulierung des Problems für das weitere Vorgehen **sehr wichtig** ist.

Für diesen Schritt sollte genügend Zeit und Raum für die Diskussion der verschiedenen Sichtweisen und Meinungen eingeplant werden.

Denn scheinbar gleiche Probleme werden durch die **verschiedenen Sichtweisen verschieden definiert.**

> **Gemeinsam erarbeitete Probleme haben**
> **größere Chancen**
> **gemeinsam gelöst zu werden.**

An dieser Stelle entscheidet es sich, ob ein Problem ein Qualitätssicherungsprojekt nach sich zieht.

Es empfiehlt sich, folgende Checkliste der CBO dafür zu verwenden:

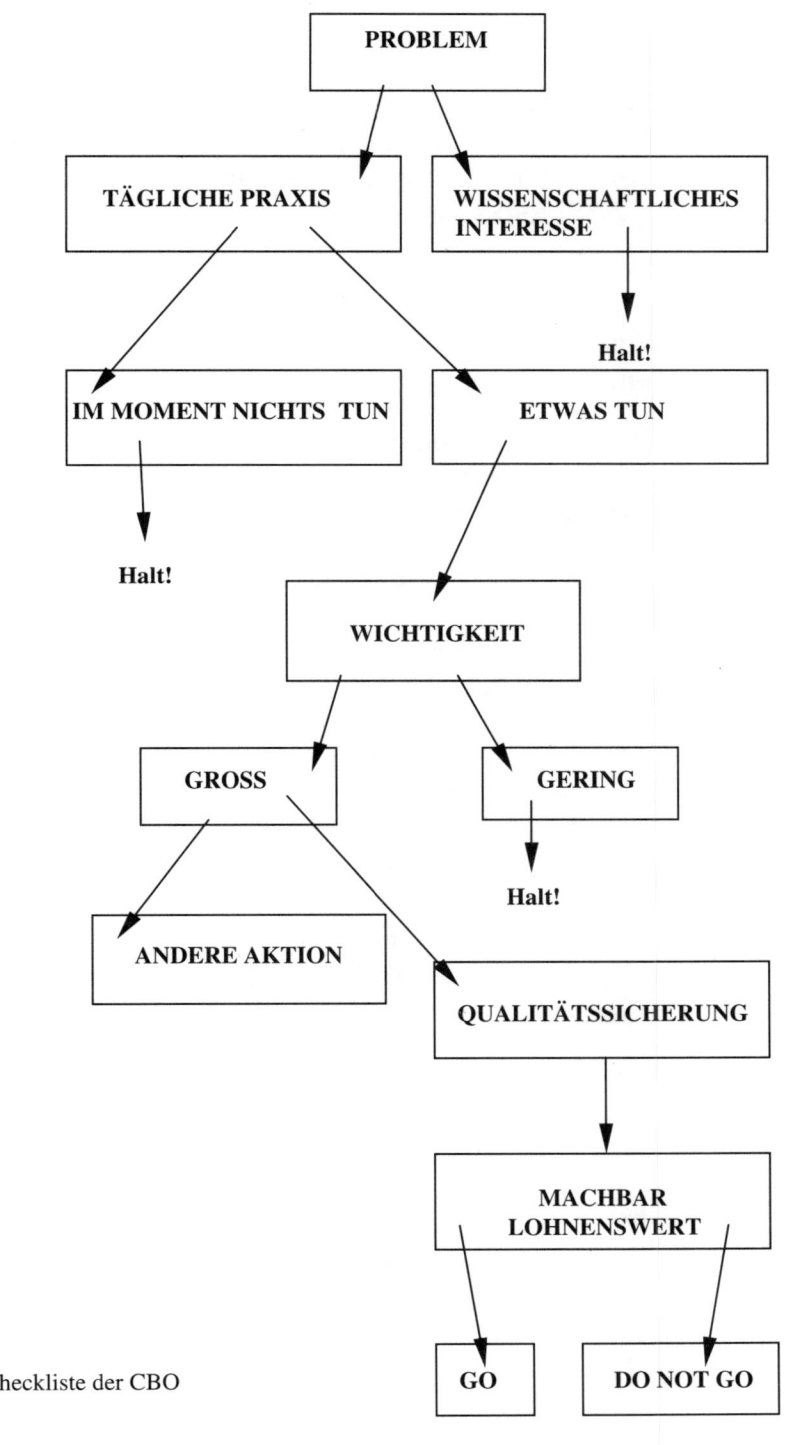

Checkliste der CBO

Erklärung dieser Grafik:

Da der Qualitätssicherungsprozess eine **aufwändige Problemlösungsstrategie** darstellt ist es wichtig, dass nur Probleme bearbeitet werden, für die dieser Aufwand gerechtfertigt ist.

Der Wichtigkeitsbaum der CBO hilft dabei.

Folgende Fragen müssen mit »Ja« beantwortet werden:

- Ist es ein Problem der täglichen Praxis?
- Ist die Bedeutung des Problems groß?
- Ist es durch die Qualitätssicherung lösbar?
- Ist eine Lösung machbar?
- Ist eine Lösung lohnenswert?

Wenn nur eine Frage mit »Nein« beantwortet werden muss, wie:

- das Problem betrifft nicht die tägliche Praxis, sondern ist wissenschaftlich interessant
- das Problem ist durch andere Aktionen lösbar, z.B. durch Gesetzesänderungen oder Personalveränderungen
- das Problem ist zurzeit nicht lösbar
- die Lösung des Problems lohnt den Aufwand nicht

dann ist es **kein Problem,** das mit dem **Instrument der Qualitätssicherung bearbeitet** werden sollte.
Das heißt nicht, dass diese Probleme ignoriert werden dürfen.

Dafür sollten andere Lösungsmöglichkeiten vorgenommen werden.

3.2.5   5. Schritt: Zusammensetzung der Projektgruppe

Nach der Problemdefinition wird die Zusammensetzung meist erkennbar.
Es empfiehlt sich diese Zusammensetzung in Diskussion mit der Führung der Institution und/oder den Mitarbeitern, die an diesem Thema beteiligt sind festzulegen.

Die Projektgruppe sollte sich idealerweise aus den mit dem Problem **direkt oder indirekt betroffenen Personen** zusammen setzen. Die Gruppengröße kann zwischen vier und acht MitarbeiterInnen betragen.
Eine größere Gruppe bedarf einer erfahrenen Projektleitung.

involvierte Mitarbeiter

Die Mitarbeit in der Projektgruppe muss **freiwillig** erfolgen.
Eine Zusage zur Zusammenarbeit **zieht** dann alle **Verbindlichkeiten nach sich**, die für eine konstruktive Arbeit nötig sind.
Sie bestimmt eine verantwortliche Person (ProjektleiterIn), die für das Projekt als AnsprechpartnerIn dient.
Der Projektleitung müssen für diese Aufgabe die dafür notwendigen Kompetenzen übertragen werden. Bei komplexeren Problemstellungen ist eine Stellenbeschreibung erforderlich.

freiwillig

verbindlich

**Nur wer Kompetenzen erhält,
kann die Verantwortung tragen!**

3.2.6. 6. Schritt: Beschreibung des SOLL – Zustandes in Form von Kriterien und Standards

Auflistung der für das Problem relevanten Normen (Gesetze, professionelle Normen, wissenschaftliche Normen)

Die Projektgruppe hat nun die Aufgabe, die genaue Zielbeschreibung in Form von Kriterien und Standards vorzunehmen.

A) Kriterien

Kriterien

Definition: Kriterien sind Merkmale oder **Prüfgrößen** anhand derer die Qualität oder Leistung gemessen werden kann.
Kriterien sind die messbaren Anteile von Standards.

Beispiele für Kriterien:

Beispiele
- Erreichbarkeit von speziellen Diensten
- Informationen
- Anzahl von Betreuungseinheiten

Die daraus entwickelten Standards könnten sein:

Standards
- Jede Wohneinheit verfügt über eine Liste der Erreichbarkeit des zuständigen Arztes und der/s ErgotherapeutIn.

- Jede/r BewohnerIn erhält am Eintrittstag ein Informationsgespräch und die Informationsbroschüre ausgehändigt.
Ein Wiederholungsgespräch erfolgt fünf Tage nach Bezug des Zimmers.

- Jede/r BewohnerIn erhält die für ihn gemeinsam festgelegten Betreuungseinheiten zur festgelegten Zeit.

Eine Überprüfung der Kriterien durch die so genannte
» D E P P – Regel «
ist ebenfalls möglich und leicht merkbar.

D - durchdacht

E - einfach

P - praktikabel

P - problemspezifisch

Zur Erarbeitung und/oder Überprüfung von Kriterien hat sich eine Analyse der Tätigkeiten, die für das Problem wichtig sind, als hilfreich erwiesen.

B) Standards (Merkmalsräume)

Im Unterschied zu den Kriterien ist der Standard in der Qualitätssicherung die Beschreibung der konkreten Ausprägung des Kriteriums.

Ein Beispiel dafür:

Kriterium/Prüfgröße: - Suppe
Standard: - Jede/r BewohnerIn
                          der/die es wünscht,
                          erhält eine heiße Suppe!

Die **Überprüfung** könnte z.B. durch folgende kleine Befragung erfolgen:

- Wünschten Sie eine Suppe?   ja / nein

- Haben Sie eine Suppe erhalten?   ja / nein

- War die Suppe heiß?   ja / nein

**überprüfbar
messbar**

Standards müssen **überprüfbar** sein und einen **messbaren** Faktor haben.

Rumba-Regel

Von der California Medical Association ist 1975 die »**Rumba-Regel**« formuliert worden:

R ⇨ **relevant** für das ausgewählte Problem
U ⇨ **understandable** = verständlich, verstehbar
M⇨ **meassurable** = messbar, bewertbar
B ⇨ **behaviourable** = beschrieben in beobachtbare
          Verhaltensbegriffe
A ⇨**attainable** = erreichbar oder
   achievable = durchführbar

Anhand der »**Rumba-Regel**« lässt sich überprüfen, ob der Standard alle wichtigen Eigenschaften erfüllt. Eine **Modifizierung** der Zusammensetzung **der Projektgruppe** kann auf Grund der zu erreichenden Standards eventuell nötig werden und sollte dann auch vorgenommen werden.

Abschließend sollten folgende Fragen mit einbezogen werden:
➤ dient es der Zielerreichung?
➤ ist es systemverträglich?
➤ ist es in den oder mit den vorhandenen
   Strukturen durchführbar?

58

➤ ist zu erwarten, dass die sich daraus entwickelnden Maßnahmen akzeptiert werden?

➤ **- lohnt sich der Aufwand?**

Da es häufig zu Missverständnissen bei den Formulierungen kommt, möchte ich an dieser Stelle darauf hinweisen wie wichtig die **Unterscheidung** zwischen »**Pflegestandards**« und »**Qualitätsstandards**« ist.

Ein Beispiel dafür:

- Die **Pflegeleitlinie (Pflegestandard)** beschreibt **wie** die Lagerung nach Bobath durchzuführen ist und **welche** Patientengruppen so gelagert werden.

- Der **Qualitätsstandard** legt fest, dass **alle Patient-Innen** die die Voraussetzungen für diese Lagerung erfüllen nach dieser Leitlinie gelagert werden müssen und wer wie die Kontrollen vornimmt.

- Pflegeleitlinien sind Handlungsanweisungen zur Durchführung von bestimmten Pflegetätigkeiten.

- Qualitätsstandards sind Richtlinien, die zur Leistungserbringung dienen.

Die Pflegeleitlinien sind für die Bestimmungen der Qualität pflegerischen Handelns unabdingbar. Im Verlauf von Qualitätssicherungsprozessen in der Pflege wird es deshalb auch sehr häufig zur Erarbeitung von Pflegeleitlinien kommen.

Hierbei kann vielleicht auf bereits vorhandene erarbeitete Pflegeleitlinien zurückgegriffen werden, die eventuell für den eigenen Bereich modifiziert werden müssten.

Pflegeleitlinien

Qualitäts-standard

Es gibt schon Beispiele von Pflegeleitlinien, die den dazugehörigen Qualitätsstandard beinhalten. Dies stellt eine optimale Lösung dar.

3.2.7. 7. Schritt: Erhebung des IST-Zustandes
Messinstrumente entwickeln
Durchführung der Erhebung
Vergleich SOLL – IST Zustand
Präsentation der Ergebnisse

vorhandene Ressourcen

Auch bei diesem Punkt ist es wichtig, auf vorhandene **Ressourcen** zu achten.
Zum Beispiel kann eine auf der Abteilung vorhandene Schreibmaschine zum Erstellen von Listen oder eine Verwaltungsangestellte mit PC-Kenntnissen eine solche mögliche Ressource darstellen.

Es gibt verschiedene Erhebungstechniken, die von der Projektgruppe ausgewählt werden müssen. Dabei ist zu beachten, dass sich der Erhebungsaufwand und die zu erwartenden Daten in Einklang mit der Wichtigkeit der Fragestellung und der vorhandenen Zeit bringen lässt.

wichtigste Erhebungs- methoden

An dieser Stelle sollen die **wichtigsten Methoden** genannt und erläutert werden.

Mündliche Befragung:

Interview

In Form eines Interviews, wenn der betroffenen Personenkreis gering ist und die Fragen die Möglichkeiten eines Fragebogens sprengen würden.

Besonders in der Betreuung mit alten Menschen kommt der mündlichen Befragung eine **große Bedeutung** zu.

Die **Gefahr der Beeinflussung** ist hierbei natürlich besonders groß und sollte auch immer bedacht werden.

Allerdings bedürfen viele der BewohnerInnen einer erklärenden Unterstützung, da sie alleine mit der Beantwortung des Fragebogens unter Umständen Schwierigkeiten haben würden.

Eine Kombination ☞ Fragebogen mit mündlicher Befragung ist für diesen Personenkreis zu empfehlen. (Siehe auch praktische Beispiele)

Fragebogen:

Bei der Erstellung eines Fragebogens sind folgende Grundsätze zu beachten. Eugen Hauke »Organisatorische Gestaltung im Krankenhaus« gibt unter anderem folgende Hinweise an:

»**Der Fragebogen** muss formal und inhaltlich klar und übersichtlich aufgebaut sein, wobei gegebenenfalls EDV-gerechte Auswertungsmöglichkeiten zu berücksichtigen sind. Die vorgelagerte Entscheidung, ob die Beantwortung durch einfaches Ankreuzen, vorgegebene Antworten oder durch eigene Formulierung erfolgen soll, wird unter anderem vom untersuchten Bereich abhängen.

Es hat sich in der Praxis bewährt, die Fragen vorweg auf ihre allgemeine Verständlichkeit zu prüfen.«

Weitere Punkte, die zu beachten sind:

⇨ Taktgefühl in der Fragestellung walten lassen.
⇨ Keine Suggestivfragen.
⇨ Die Fragen müssen leicht zu beantworten sein.
⇨ Nur Fragen verwenden, die auf die Erreichung
   des Zieles gerichtet sind.

In der Kürze liegt die Würze!
So wenig wie möglich, so viel wie notwendig.

Strichliste:

Die Strichliste ist eine der einfachsten Erhebungstechniken um quantitative Daten über einen bestimmten Zeitraum erfassen zu können.

Es ist allerdings möglich, durch ein bestimmtes Design mehrere Parameter auf einmal zu erheben.

Im angeführten Beispiel kann mit der Strichliste erhoben werden
- welche Pflegeabteilung
- wie oft
- zu welchem Zeitpunkt

angerufen wird.

Beispiel Strichliste

Telefonate von:	Stelle: _____		Datum:			
	Verwal-tung	Kranken kasse	Ange-hörige	andere Abtei-lung	Küche	Sonstige
08.00-08.30						
08.30-09.00						
09.00-09.30						
09.30-10.00						
10.00-10.30						
10.30-11.00						
11.00-11.30						
11.30-12.00						
13.00-14.00						

Laufzettel:

Er dient zur Transparenz der **Durchlauf- und Liegezeiten** von z.B. Reparaturaufträgen, Bestellungen, ausgeliehenen Büchern, Untersuchungen et cetera.
Auf ein beigefügtes Formular werden von allen an der Bearbeitung Beteiligten Eingang, Ausgang und die Art der Tätigkeit eingetragen.

Beispiel eines Vorganges:

Laufzettel für das interne Bestellformular

Eingang Datum:	Zeit	Name des/r Bearbeiter/in	Grund der Bearbeitung	Bearbeitungszeit von-bis/Datum	Ausgang Datum	Zeit
06. 06.	09.45	Station XY St.Ltg.	Antrag für einen Rasierapparat	5 min.	06. 06.	12.00
06. 06.	13.00	Heimleitung	Überprüfung Unterschrift	08. 06. 17.00-17.15	09. 06.	08.00
09. 06.	08.00	Sekretariat	Ablage und sammeln	09. 06. 5 min.	09. 06.	08.05
15. 06.	10.00	Heimleitung	Sichtung der Formulare	21. 06. 14.20-14.40	21. 06.	17.00
24. 06.	08.00	Sekretariat I	Bestellung ausführen	24. 06. 9.00-10.00	24. 06.	12.00
09. 07.	10.00	Sekretariat I	Eingang der Bestellung	09. 07. 5 Min	09. 07.	10.05
09. 07.	10.05	Heimleitung	Überprüfung des Einganges	09. 07. 16.00-16.30	10. 07.	08.30
10. 07.	08.30	Sekretariat I	Inventarisierung	12. 07. 16.00-16.30	13. 07.	08.30
13. 07.	11.00	Station XY St.Ltg.	Eingang des Rasierapparates			

Sichtung der Dokumentation

Sichtung der
Dokumente

Die Auswertung der vorhandenen schriftlichen Dokumentationen ist zeitlich und räumlich unabhängig und **nicht** an eine Anwesenheit von **Personen oder Objekten gebunden**.

Allerdings können hier nur die vorhandenen schriftlichen Aufzeichnungen erfasst werden.
Eine z.B. mangelhafte Dokumentation würde bei der Anwendung dieser Technik einen großen Unsicherheitsfaktor bezüglich der Verwertbarkeit der Daten beinhalten.
Als Vorteil anzusehen ist, dass durch diese Untersuchung die Schwachstellen der eigenen Dokumentation aufgezeigt werden und in der Folge die Chance zu einer Veränderung eröffnet.

Tätigkeitenliste

Liste der
Tätigkeiten

Es werden über einen bestimmten Zeitraum für jeden Tag alle **Tätigkeiten** einschließlich der **Arbeitsausfälle** und der persönlich bedingten Tätigkeiten erfasst.

Diese Untersuchung eignet sich besonders dafür, Zeiträume mit besonderem personellem Arbeitsaufwand (**Tagesspitzen**) und **Leerzeiten** zu erfassen. Gleichzeitig kann die Verteilung bestimmter Tätigkeiten während des Tages erfasst werden.

Präsentation der Ergebnisse:

Spätestens zu diesem Zeitpunkt, muss eine **Präsentation** der erhobenen Daten und der anderen Aktivitäten der Projektgruppe im Team und/oder bei der Leitung erfolgen.

Es empfiehlt sich, besonders bei den ersten Projekten die Präsentation der Ergebnisse **nach jedem abgeschlossenen Schritt** vorzunehmen.

Dadurch sind das Team und die Zuständigen **kontinuierlich informiert**. Das gemeinsame Tragen des Projektes wird gefördert und Ängste können besprochen und bearbeitet werden.

Die Präsentation der Ergebnisse in der Projektgruppe muss eine **wertfreie Darstellung** Gewähr leisten.

wertfreie Darstellung

Nur eine vertrauensvolle Zusammenarbeit kann zu produktiven Ergebnissen führen.

Hier bietet sich die Möglichkeit zu **ersten Überprüfungen** und eventueller Modifikation der bisher stattgefundenen Schritte.

Besonders bei diesem Schritt ist das Erkennen von **ungenutzten Möglichkeiten** (Ressourcen) wichtig.

Ausnutzen der Ressourcen

Die **Ausnutzung** dieser **Ressourcen** kann eine Problemlösung unter Umständen auch ohne hohen Kosten-, Material- und Personalaufwand ermöglichen.

Zunächst unlösbar erscheinende Probleme können somit lösbar gemacht werden.

Gerade die Diskussion bei der Präsentation der Ergebnisse zeigt häufig solche vorhandenen Ressourcen auf.

Eine Resignation bei bestehenden Problemen kann den Blick auf problemlösende Ressourcen verstellen.

Vorhandene Ressourcen werden manchmal erst während des Prozesses der Problemlösung erkannt.

3.2.8   8. Schritt: Problemlösung
Maßnahmenplan erstellen
Durchführung der erarbeiteten
Lösungsmöglichkeiten

schnelle
Eingriffs-
möglichkeit

Dies ist die Durchführung der **erarbeiteten** und besprochenen **Lösungsmöglichkeiten**. Es können zur Zielerreichung eine oder mehrere Problemlösungsschritte erforderlich sein.

Auch hier ist es von Vorteil, nach jeder abgeschlossenen Sequenz, das Team und/oder die Zuständigen zu unterrichten, um gegebenenfalls schnell notwendige Veränderungen oder Modifikationen vornehmen zu können.

3.2.9.   9. Schritt: Erhebung des neuen Ist – Zustandes
Analyse der 1. und 2. Erhebung
Ursachenanalyse bei Nichterreichen
des Standards

Erst der Schritt der Überprüfung und die Erarbeitung der routinemäßigen Evaluation macht aus den vorangegangenen Schritten den Prozess der Qualitätssicherung.
Nur ein **fortlaufendes Überprüfen** der Ergebnisse und Schritte Gewähr leistet die Sicherung des von uns festgelegten Qualitätsniveaus.

fortlaufende
Überprüfung

Dazu muss im Team und mit der Leitung diskutiert und wiederum schriftlich fixiert werden:

- Wer?
- wie lange?
- in welchem Zeitraum bzw. Zeitabschnitt?
- in welchem Ausmaß und wie häufig?
- mit welchem Instrument?

überprüft !

Außerdem sollen während dieser Sitzung **folgende Fragen** beantwortet werden:

⇨ Wurde das festgelegte Ziel erreicht?
   Konnten die Standards eingehalten werden und können sie es auch weiterhin?

⇨ Sind die Kriterien noch zutreffend und ausreichend?

⇨ Sind die Standards noch zutreffend und ausreichend?

⇨ Haben sich neue Erkenntnisse entwickelt auf die reagiert werden muss?

Auf die nachfolgende Frage sollte besonderes Augenmerk gelegt werden:

⇨ **Sind wir als Gruppe mit dem Erreichten zufrieden?**

3.2.10.   10. Schritt: Manöverkritik
Was ist gut gegangen, was weniger, was sollten wir das nächste Mal anders machen

Abschließend soll auf die Wichtigkeit einer umfassenden **Manöverkritik** hingewiesen werden.
Durch das Erkennen von Schwierigkeiten, Problemen und deren Bearbeitung durch die Gruppe, sowie das Erfahren von positiven Verläufen, bietet sie Hilfestellung bei der Planung und Durchführung von weiteren Qualitätssicherungsprojekten.

69

> **Hierbei ist zu beachten:**
> **Nicht jeder Mitarbeiter kann mit**
> **negativen Ergebnissen,**
> **seien sie auch noch so positiv dargestellt,**
> **gut umgehen.**

Bei der Manöverkritik können z. B. **folgende Fragen** erörtert werden:

Zusammen-arbeit

⇨ Wie war die **Zusammenarbeit** in der Projekt-gruppe?

⇨ Welche **Hindernisse** und Widerstände ergaben sich im Laufe des Projektes; wie wurde damit umgegangen?

positive Erfahrungen

⇨ Welche **positive Erfahrungen** konnten gemacht werden?

⇨ Wurden alle wesentlichen Stellen **informiert**?
  ➤ ausreichend?
    ➤ in der richtigen Art und Weise?
      ➤ wie waren die Reaktionen?

⇨ Was muss bei weiteren Projekten beachtet werden?

Ressourcen-nutzung

⇨ Sind **Ressourcen** für weitere Projekte vorhanden und wurden jetzt alle genutzt?

Das Ergebnis dieser Diskussion wird selbstverständlich protokolliert.

70

Sofie Retter · 89 Jahre

Wenn wir alles an uns so lassen, wie es ist,
altern wir am schönsten.

*Erika Pluhar (*1939), österreichische Schauspielerin und
Chansonsängerin, seit 1959 Mitglied des Burgtheaters*

4. Voraussetzungen zur Realisierung der Übertragung in die Praxis

4.1. Entscheidende Faktoren für die Übertragung in die Praxis

Für die **Übertragung** der Qualitätssicherung in den praktischen **alltäglichen Betrieb** gibt es viele realistische Möglichkeiten.

Bei der Einführung eines Qualitätssicherungsinstrumentes ist es von Wichtigkeit, sich nochmals mit nachfolgenden Faktoren auseinander zusetzen:

⇨ **Faktor Zeit:**

Diskussionen
Aufarbeitung von Widerständen/Ängsten
Fortbildungen – Ausbildungen

⇨ **Faktor Geduld:**

Geduld für:
Motivation der Mitarbeiter, des Teams, aber u.U. auch des Trägers,
Überwinden der Widerstände im engeren und weiteren Umfeld,
Bearbeitung von Ängsten und evtl. Teil-/Misserfolgen

⇨ **Faktor Verantwortungsbewusstsein:**

Verantwortungsbewusstsein um:
Probleme zu sehen
Probleme anzusprechen - zu definieren
Probleme zu bearbeiten
Konsequenzen einzuleiten

Übertragung in die Praxis

Zeit

Geduld

Verantwortungsbewusstsein

⇨ **Faktor Personal:**

Personal für:
 Ausbildung, Fortbildung
 externe Beratung und Begleitung

Alle diese Faktoren spielen eine wichtige Rolle und sind maßgeblich verantwortlich für den Erfolg oder Misserfolg.

Beachte:

Probleme die gesehen und bearbeitet werden, müssen Konsequenzen einleiten.

Wenn letztendlich keine Konsequenzen gesetzt werden, wird der Frust der Beteiligten jedes weitere Projekt (mit Recht) scheitern lassen.
Leider ist dadurch auch für längere Zeit die Arbeit mit der Qualitätssicherung nicht mehr möglich; eine erneute Motivation des Teams extrem schwierig!

4.2. Persönliche Voraussetzungen

➤ Positive Grundhaltung
➤ Führungsqualitäten
➤ Akzeptanz
➤ Verantwortungsbewusstsein
➤ Problembewusstsein
➤ Kritikfähigkeit
➤ Fähigkeit zur sachlichen Auseinandersetzung
➤ Annehmen der angebotenen Möglichkeiten
 und nutzen der vorhandenen Ressourcen

4.3. Näheres Umfeld

Im näheren Umfeld muss nicht nur ein **Klima des Vertrauens** und der **Akzeptanz** geschaffen sein, sondern vor allem eine Atmosphäre der **Unterstützung**, des Beistehens und der Bereitstellung der eventuell nötigen Ressourcen.

Nicht der Wille zur Arbeit mit dem Instrument der Qualitätssicherung soll **Anerkennung** finden, sondern die Auseinandersetzung und das **Arbeiten mit der Qualitätssicherung.**

Dazu dient im Besonderen die Erfassung der Strukturen.

4.3.1. Erfassung der Strukturen

Durch die Erfassung der Strukturen des Betriebes können die bereits vorhandenen Hilfen und Möglichkeiten für die Qualitätssicherung erkannt werden.

Gleichzeitig ist es durch diese Erfassung möglich aufzuzeigen, in welchem Maße **Strukturveränderungen/ -verbesserungen** ohne größeren Aufwand vorgenommen werden können.

Zugleich wird auch klar, in welchen realistischen Gegebenheiten die **Problemlösung** ablaufen muss.

> Ausbildungsstand/Qualifikation der Mitarbeiter
> MitarbeiterInnen im administrativen Bereich
> Bewohnerzahl, Zahl der Pflegeplätze
> Räumliche Ausstattung des Betriebes/Heimes
> Räumliche Ausstattung der Unterbringungsmöglichkeiten
> Kommunikationsstruktur
> EDV und Schreibsysteme
> Dienstzeiten
> Konzepte
> Ressourcen!

Vertauen

Anerkennung

Strukturverbesserungen

Problemlösung

75

4.4. Weiteres Umfeld

Es muss ein **Konsens** zwischen den persönlichen Voraussetzungen, dem näheren und dem weiteren Umfeld vorhanden sein oder geschaffen werden, da interne und externe Querelen die für die Qualitätssicherung dringend benötigten Energien abziehen.

**Ohne diesen Konsens,
der vom Klima des Vertrauens und dem
Willen der Zusammenarbeit getragen ist,
kann die Qualitätssicherung nur schwer
in die Praxis übertragen werden,
oder ist sogar
zum Scheitern verurteilt.**

Das »weitere Umfeld« steht synonym für die Führungsebene und/oder den Rechtsträger; und ist für die nachfolgenden Punkte auch voll verantwortlich.

Das weitere Umfeld muss:

nicht nur eine Haltung der Unterstützung signalisieren,

sondern

die Unterstützung Gewähr leisten

nicht nur die Bereitschaft haben, die nötigen Hilfestellungen zu leisten,

76

sondern

z.B. durch Bereitstellung von
  externen Experten
  EDV-Programmen
  Fortbildungen
  personellen Ressourcen (z.B. zusätzlichen
  Schreibdiensten)
die mögliche Hilfe zur Verfügung zu stellen

nicht nur die Ergebnisse der Qualitätssicherung
zur Kenntnis nehmen

      sondern

die sich **daraus erwachsenen Konsequenzen ziehen**

**Hilfen zur
Verfügung
stellen**

**Konsequenzen
ziehen**

4.5. Umgang mit Widerständen

Widerstände

Dass ein Instrument, welches die Verhaltensänderung und die **Leistungskontrolle** als einen wichtigen Teil seiner Philosophie beinhaltet, Ängste und dadurch Widerstände hervorruft, ist für uns ein Faktum der Normalität.

Andersdenken

Dass sich dieses »**Andersdenken**« sehr fassettenreich gestalten kann, weiß jeder Praktiker aus den Erfahrungen im alltäglichen Miteinander.

Bei der Einführung der Qualitätssicherung, aber auch im weiteren Verlauf, gelten für die Projektleitungen oder die Leitungen der Qualitätssicherungsgruppen oder Qualitätssicherungszirkel **besondere Anforderungen**, um mit den zu erwartenden **Oppositionen** besser umgehen zu können.

Fakten und Strategien

Für die Praxis ergeben sich unter anderem folgende **Fakten** und daraus resultierende **Strategien**:

☞ **Information**, Information, Information....!!!!!!! »bottom up - top down« (»von unten nach oben - von oben nach unten«) Besonders bei der Einführung der Qualitätssicherung ist nichts so wichtig, wie die **permanente transparente Information aller Beteiligten**. Gerade hier liegen viele Ursachen von Widerständen.

transparente Information

Der Identifikationsgrad der Mitarbeiter mit der Qualitätssicherung steigt mit dem Grade der Information.

☞ Die Leitung muss die Sensibilität und Fähigkeit haben, **Emotionen** die hervorgerufen werden durch:

(Die Aufzählung hat keine Reihung der Wichtigkeit)

⇨ Angst vor Mehrarbeit
⇨ Angst vor Sanktionen
⇨ Angst vor Kontrolle der eigenen Leistung
⇨ Angst davor, gehortetes Wissen preisgeben zu müssen (Wissen ist Macht)
⇨ Angst vor Statusverlust
⇨ Angst davor, wegrationalisiert zu werden
⇨ Angst vor Veränderung
⇨ Angst vor Überforderung
⇨ Angst vor Organisationsunverträglichkeit
⇨ et cetera

zu erkennen und adäquat darauf einzugehen.

Aus der praktischen Erfahrung heraus hat es sich bewährt, **sehr früh** aber zum **geeigneten Zeitpunkt**, im geeigneten Rahmen die o.g. Punkt zu thematisieren und im Team zu bearbeiten.

geeigneter Zeitpunkt

Das Schaffen einer offenen und sanktionsfreien Atmosphäre, ist für das Arbeiten mit diesen Projekten unumgänglich!

☞ Die Strukturen und der Rahmen müssen klar vorgegeben sein. **Unklare Grenzen** und Konstruktionen können zu Frustrationen und Demotivation führen.

unklare Grenzen

☞ **Eingefahrene Denk- und Handlungsmuster** hemmen kreative und erfindungsreiche Kräfte. Klare und konsequente Vorgaben erleichtern hier die Vorgehensweise.

☞ Fast jede Institution kennt Mitarbeiter im engeren oder weiteren Bereich, die sich durch nachstehende Attribute auszeichnen.

Sie sind:

➘ unbeweglich für Neues; nicht offen

➘ gegen alles Neue, denn Neues bringt »Unruhe«

➘ selten offen für Kritik, sondern agieren meist »hintenherum«

➘ **»Stimmungsmacher«**

➘ eher aggressiv bei Störung ihrer eingefahrenen Gleise

Wenn solche MitarbeiterInnen in Probleme die durch die Qualitätssicherung bearbeitet werden, involviert sind (und das ist nicht selten), empfiehlt es sich, diese MitarbeiterInnen zu einer **aktiven Rolle** in der Projektgruppe oder in eine beauftragte Arbeitsgruppe einzubinden.

Die Ängste, Widerstände und die daraus entstehenden Probleme sind natürlich sehr abhängig von:

Personen
z.B.: Jedes Problem wird von jeder Person aus seinem eigenen Deutungsmuster heraus erlebt und gelebt.
Individuelles situatives Reagieren.

Institution
z.B.: Mitarbeiter, Budget, Bewerber, Infrastruktur

Umfeld
z.B.: Region, soziokulturelle Eingebundenheit Vorgaben, Rechtsträger

Generelle Lösungsvorschläge können deshalb nicht zielführend sein.

Es wird weiterhin in der **Verantwortung der Leitungen** und der Mitarbeiter liegen, mit ihrer Erfahrung und Kompetenz diese Hürden zu nehmen.

4.6. Fortbildungen

Fachseminare, Tagungen und Referate zum Thema Qualitätssicherung werden im deutschsprachigen Raum immer häufiger angeboten.

Diese sollten auch genutzt werden, da es für die Arbeit und Betreuung mit alten Menschen noch wenig spezielle Veranstaltungen gibt.
Die Qualitätssicherungsveranstaltungen für den Non-Profit-Bereich bieten allerdings genügend Anregungen und Tipps für die praktische Arbeit mit dem Instrument Qualitätssicherung.

Aber nicht nur Fachseminare, sondern auch Fort- und Weiterbildungen in anderen Bereichen können für die Qualitätssicherung wichtig sein.

Dazu gehören:

- Kommunikationsseminare
- Rhetorik/Moderation/Konferenztechniken
- Präsentationstechniken
- Managementseminare/Mitarbeiterführung
- Pädagogisch/didaktische Fortbildungen
- Fachseminare der einzelnen Berufsrichtungen und nicht zuletzt:

  - Fachausbildungen für Heimleitungen, Pflegeleitungen, Stationsleitungen und so weiter.

5. Zum Schluss die Betrachtung für den Anfang ⇨ den praktischen Anfang!

☞ Die Bedürfnisse einzelner Gesellschaftsschichten haben sich enorm verändert

☞ Die vorhandenen finanziellen Ressourcen müssen sparsamer verteilt werden

☞ Die Konkurrenz zwischen den einzelnen Betreuungsinstitutionen wird immer größer

und:

Für den Betreuungsmarkt wird es sich schon in naher Zukunft entscheiden, welche Versorgungszweige auch weiterhin präsent sein werden.

Der Non-Profit-Bereich, und dazu zählt im Besonderen auch das Betreuungswesen im Gesundheitsbereich, war diesem vermehrten **Wettbewerb** in den letzten Jahrzehnten nur in geringem Maße ausgesetzt. Grundlegende Veränderungen im Anforderungs- aber auch im Finanzierungsprofil werden diese bisher vermeintlich abgesicherte »ökonomische Nische« in zunehmenden Maße verändern.

Wettbewerb

Die Philosophie der Qualitätssicherung **verändert** im Rahmen ihrer Anwendung langfristig das **Verhalten** der Mitarbeiter und somit das Erscheinungsbild einzelner Organisationen und die Denk- und Handlungsweisen ihrer Mitarbeiter.

Veränderung des Verhaltens

Auch **Traditionelles** und Bewährtes erhalten dadurch die Chance unter dem Blickwinkel der Qualitätssicherung kritisch hinterfragt und **objektiviert** bestätigt oder einer sinnvollen systemisierte Veränderung zugeführt zu werden.

Die Qualitätssicherung ist **sicherlich kein Instrument** der radikalen und kompromisslosen Erneuerung von Organisationen.

Im Gegenteil! Sie beweist bewährte und erfolgreiche Handlungsweisen!

Sie zeigt in nachvollziehbarer Art und Weise entwicklungs- und veränderungswürdige Sachverhalte und Handlungsabläufe auf.

Sie ist eine ernst zu nehmende Chance für alle MitarbeiterInnen und Leitende in den einzelnen Organisationen, ihr Arbeitsfeld zu verbessern und zugleich eine **spannende Herausforderung**.

Wenn die Qualitätssicherung ernsthaft umgesetzt wird, zeigen sich innerhalb kürzester Zeit mehrschichtige Veränderungen im jeweiligen Betrieb.

**Für die praktische Umsetzung Ihrer Projekte
wünsche ich Ihnen viel Erfolg!**

[Anm.: Für eine einfachere Leseweise wurde manchmal auf eine beider geschlechtliche Schreibweise verzichtet.]

Siegfried Leimegger · 83 Jahre †

Jahre sollte man nicht zählen, sondern erleben.

Oskar Stock, deutscher Aphoristiker

6.   Praktische Beispiele

6.1.   Beschäftigung der Patienten auf einer geronto-psychiatrischen Station

1. Schritt: Thema

Es handelt sich um eine offene, gemischte, geronto-psychiatrische Station mit 25 Betten.

Der Wunsch sich mit dem Thema Betreuung und Beschäftigung der Patienten auseinander zu setzen, entstand durch die Strukturänderung der Station und der dadurch entstandenen Überforderung der Mitarbeiter.
Durch die Veränderung des Klientel verlagerte sich von den so genannten »schlechten« Patienten (Grundpflege), zu den so genannten »besseren« Patienten, bei denen die psychiatrische Diagnose (Depression, beginnende Demenz, Wahn, Verwirrtheit) und nicht die Grundpflege im Vordergrund stand.
Dieser Trend wurde noch durch eine abteilungsinterne Umstrukturierung verstärkt.

Das von der Qualitätssicherungsgruppe des Hauses im Grobgerüst bereits vorbereitete Projekt wurde bei der Teamsitzung den Mitarbeitern vorgestellt. Die Reaktionen waren durchwegs positiv. Vor allem die Aussicht, die Arbeit besser zu dokumentieren, fand großen Anklang. Einzig der Einwand »man würde das nur für die Vorgesetzten tun«, musste ausgeräumt werden.

Die Projektgruppe wurde bei dieser Teamsitzung zusammengestellt. Bei der noch im selben Monat stattfindenden Sitzung der Projektgruppe wurden die Schritte der Qualitätssicherung wie folgt festgelegt:

2. Schritt: Grobe Beschreibung des Problems

- Mangelnde Beschäftigung und Betreuung der Patienten

3. Schritt: Grobe Zielsetzung

- Strukturierte Beschäftigung und Betreuung durch das Pflegepersonal.

4. Schritt: Präzise Beschreibung des Problems

⇨ Betreuung und Beschäftigung der Patienten außerhalb der Grundpflege sind zu wenig strukturiert.

⇨ Teilweise fehlendes Bewusstsein des Pflegepersonals, dass Beschäftigung Bestandteil der psychiatrischen Pflege ist.

⇨ Fehlende Dokumentation über die quantitative und qualitative Beschäftigung und Betreuung der Patienten.

5. Schritt: Zusammensetzung der Projektgruppe

- Stationsleiter = Projektleiter
- 1 Diplomkrankenschwester
- 1 Diplomkrankenpfleger
- 2 Pflegehelferinnen
- 1 Ergotherapiegehilfin

6. Schritt: Beschreibung des SOLL–Zustandes in Form von Kriterien und Standards

Kriterien:
- Dokumentation
- Beschäftigung, Betreuung (Wer, Wann, Wem, Wie viel, Was)
- Zufriedenheit der Patienten
- Tagesstruktur

Standards:
⇨ 80 % der Patienten müssen zufrieden sein.
⇨ Alle Aktivitäten werden dokumentiert.
⇨ Das gesamte Team beteiligt sich.
⇨ Jeder Patient muss mindestens eine Betreuungs- oder eine Beschäftigungseinheit pro Tag erhalten.

7. Schritt: Erhebung des IST – Zustandes
Messinstrumente entwickeln, Durchführung der Erhebung, Vergleich des SOLL-IST Zustandes, Präsentation der Ergebnisse

Der IST-Zustand wurde durch einen:
- Patientenfragebogen und ein
- Monatsübersichtsblatt für Aktivitäten (Dokumentation)

ermittelt.

Bei dieser ersten Sitzung wurde das bereits in der Pflegedokumentation des Hauses befindliche Monatsübersichtsblatt für Aktivitäten, überarbeitet.

Das konkrete Projekt und das überarbeitete Aktivitätenblatt (siehe Anhang) wurden bei der nächsten Sitzung den Mitarbeitern vorgestellt. Bestimmte wiederkehrende Aktivitäten des Personals mit den Patienten sollten ab jetzt dokumentiert werden.

Außerdem sollte das Aktivitätenblatt weitere Vorteile bringen:

☞ Möglichkeit des Nachweises des Pflegepersonals, wer bei welchen PatientInnen die Grundpflege übernommen hat

☞ schnelle quantitative Übersicht der geleisteten Aktivitäten für die einzelnen PatientInnen

☞ schneller Überblick wie viel einzelnen PatientInnen außerhalb des Standards an Aktivitäten erhalten oder nicht erhalten

☞ schnellerer Zugriff auf bestimmte Daten im Pflegebericht, da besondere Vorkommnisse und/ oder Krisenintervention angekreuzt sind; d.h.: kein langes Suchen nach Informationen im Pflegeverlaufsbericht über einen langen Zeitraum.

Der Beginn wurde auf den nächsten Monatsanfang festgelegt

8. Schritt: Problemlösung

Einen Monat später wurde eine Sitzung der Projektgruppe abgehalten, bei der das Aktivitätenblatt inhaltlich und vom Format her nochmals leicht abgeändert wurde.

Bei dieser Teamsitzung wurde das Projekt von den Mitarbeitern positiv beurteilt.

Es wurde der Wunsch geäußert, die einzelnen Rubriken des Aktivitätenblattes genau zu erklären, damit klarer wird, welche Tätigkeiten in welche Spalten zu vermerken sind.

Dies wurde mit dem Team genau besprochen. (z.B. Gespräche bei der Grundpflege gehören zur Grundpflege und müssen nicht gesondert notiert werden).

Um dies für alle einheitlich dokumentieren zu können wurde in der Sitzung der Projektgruppe ein Blatt mit »Bemerkungen zum Ausfüllen des Monatsübersichtsblattes« entworfen.

Dabei wurde auch der Patientenfragebogen entworfen.

9. Schritt: Erhebung des neuen IST – Zustandes

Im nächsten Monat kam es zur ersten IST-Erhebung durch die Auswertung der Dokumentation und durch Befragung der »befragbaren« Patienten.
Von 25 Patienten waren 12 befragbar. Das waren mehr als die Mitarbeiter erwartet hatten und das Ergebnis war positiv.

Eine weitere Überraschung war, dass alle befragten Patienten bis auf einen, mit der Betreuung am Wochenende zufrieden waren.
Dies war ebenfalls nicht erwartet worden, da am Wochenende die Personalbesetzung auf dieser Station meist knapp war (wenig Pflegepersonal, keine Ergotherapie).
Es war vermutet worden, dass sich die Patienten mehr Beschäftigung gewünscht hätten.

Die Auswertung der Dokumentation zeigte auf, dass bei einzelnen Patienten die Versorgung nicht zufrieden stellend war.

So wurde jedoch aus einem »Ich glaube, es läuft nicht gut« oder »Wir sollten vielleicht mehr tun« ein »Bei Frau B. haben wir hinsichtlich Beschäftigung etwas versäumt - Was können wir konkret verbessern?«

Es zeigte sich, dass diese objektivierbare Kritik wesentlich leichter angenommen werden kann und zudem aufgezeigt wird, dass bei den anderen Patienten die Betreuung und Beschäftigung zufrieden stellend funktioniert.

10. Schritt: Manöverkritik

Bei der darauf folgenden monatlichen Teamsitzung, bei der auch die erste Auswertung der Dokumentation und das Ergebnis der Patientenbefragung präsentiert wurde, wurde auch das Projekt an sich zur Diskussion gestellt.

Dabei zeigte sich, dass auch die anfänglich kritischen Stimmen von den positiven Auswirkungen des Projekts überzeugt worden waren.

Das Projekt wurde als Aufwertung der eigenen Arbeit empfunden.

Durch dieses Qualitätssicherungsprojekt wurde die Betreuung und Beschäftigung der Patienten deutlich verbessert und die Zufriedenheit der Mitarbeiter gesteigert.

Zudem hat das Team jetzt ein taugliches Instrument in der Hand um auf ein Nichterreichen der erarbeiteten Standards schnell reagieren zu können.

Weitere Vorgehensweise:

Die Auswertung der Dokumentation und die Befragung wird monatlich durchgeführt und bei den mindestens 2-monatlich stattfindenden Teamsitzungen besprochen.

Im Laufe der Zeit entwickelte sich zusehends mehr der Bedarf an einer strukturierten Bezugspflege.

Dieses Anliegen wurde in das Projekt aufgenommen.

Ein Jahr später konnte das ausgearbeitete Bezugspflegesystem eingeführt und erfolgreich umgesetzt werden.

6.2. Eingangsbereich eines Alters- und Pflegeheimes

1. Schritt: Thema

Von mehreren BewohnerInnen und Angehörigen wurde die Heimleitung darauf hingewiesen, dass der Eingangsbereich einen nicht gerade einladenden Eindruck hinterlasse. Das Ambiente sei düster und die Möblierung lasse sehr zu wünschen übrig.

Einige Male wurde sogar erwähnt, dass einige Besucher nicht mehr kommen würden, weil sie die Situation im Eingangsbereich als z.T. befremdend, um nicht zu sagen beängstigend erlebt hätten.

Die Sauberkeit wurde ebenfalls häufig beanstandet. Speisereste und verschüttete Getränke würden lange nicht entfernt. Alte Zeitungen lägen überall herum.

2. Schritt: Grobe Beschreibung des Problems

Der erste Eindruck von der Eingangshalle ist für Besucher und Angehörige häufig negativ.

3. Schritt: Grobe Zielsetzung

Allen Mitarbeitern ist bewusst, dass die Eingangshalle das Aushängeschild des Heimes ist.

Angehörige und Besucher empfinden den Eingangsbereich ansprechend.

4. Schritt: Präzise Beschreibung des Problems

⇨ Ängste und Unsicherheit bei Besuchern und Angehörigen durch das Auftreten von Verwirrten und Dementen.

⇨ Distanzlosigkeit und »Ansandeln« und »schlechtes Benehmen« durch und von einigen BewohnerInnen

⇨ Treffpunkt für BewohnerInnen; die Eingangshalle wird als zusätzlicher Aufenthaltsraum benützt

⇨ Engegefühl

⇨ verrauchte Halle, es werden Getränke und Essen konsumiert

⇨ die Sauberkeit und Ordnung ist nicht Gewähr leistet, es gibt zu wenig Entsorgungsmöglichkeiten

⇨ »Ekelgefühl«

⇨ Kreuzungspunkt (Altenwohnungen und Pflegeheim)

⇨ unklare Reglementierung

⇨ fehlende Öffentlichkeitsarbeit

⇨ das Personal (<u>alle</u> Mitarbeiter) fühlt sich nicht zuständig

⇨ Rolle von Empfang/Reinigungsfirma/Kiosk ist unklar

⇨ Probleme mit der Brandverhütung

5. Schritt: Zusammensetzung der Projektgruppe

- Heimleitung = Projektleitung
- Mitarbeiterin des Empfanges
- Leitung Reinigungsdienst
- 1 Dipl.Pfl.Kraft von der Pflegestation
- 1 Dipl.Pfl.Kraft vom Altenwohnbereich
- 1 Mitarbeiterin Hauswirtschaft
- 1 Bewohner mit Angehörigem

6. Schritt: Beschreibung des SOLL–Zustandes in Form von Kriterien und Standards

Kriterien:
- Ansichten der Besucher
- Raumgestaltung
- Zuständigkeit
- Sauberkeit
- Störung durch BewohnerInnen

Standards:
⇨ 80% der Besucher sind mit dem ersten Eindruck zufrieden.

⇨ Die Eingangshalle ist sauber.
Auftretende Verschmutzungen werden in der Zeit von 08.00 Uhr bis 20.00 Uhr innerhalb von <u>15 Minuten</u> entfernt

⇨ Kaffee und warme Getränke werden nur im Café verkauft und auch dort getrunken.
Die Öffnungszeiten werden den Bedürfnissen der BewohnerInnen und der Besuchern angepasst.
Die neuen Öffnungszeiten des Cafés werden eingehalten.
Der Raucherraum ist eingerichtet und wird von den BewohnerInnen und Besuchern genutzt.

⇨ Die MitarbeiterInnen wissen um die Funktion »Aushängeschild« des Eingangsbereiches Bescheid. Die schriftlich festgelegten Zuständigkeiten sind ihnen bekannt.

⇨ Die von der Projektgruppe erarbeiteten Richtlinien sind allen MitarbeiterInnen sowie den BewohnerInnen bekannt.
Jeder hält sie ein.

⇨ Die Vorschriften der Brandverhütung sind bekannt und werden eingehalten.

7. Schritt: Erhebung des IST – Zustandes
Messinstrumente entwickeln,
Durchführung der Erhebung, Vergleich
des SOLL-IST Zustandes, Präsentation der
Ergebnisse

Die Erhebung des IST-Zustandes erfolgte durch zwei Instrumente:
- einem Fragebogen und
- einer Begehung

Auf der nachstehenden Seite ist beispielhaft ein Fragebogen dargestellt.

Beispiel Fragebogen:

Benotung•
① = ungenügend ② = sehr schlecht ③ = schlecht
④ = genügend ⑤ = gut ⑥ = sehr gut

Wichtigkeit•
① = unwichtig / völlig egal ② = nicht sehr wichtig
③ = ein bisschen wichtig ④ = einigermaßen wichtig
⑤ = wichtig / hohe Bedeutung ⑥ = sehr wichtig / sehr hohe
Bedeutung

	Benotung	**Wichtigkeit**
1. Wie ist Ihr erster Eindruck von der Eingangshalle?	① ② ③ ④ ⑤ ⑥	① ② ③ ④ ⑤ ⑥
2. Wie empfinden Sie die Sauberkeit?	① ② ③ ④ ⑤ ⑥	① ② ③ ④ ⑤ ⑥
3. Wie gefällt Ihnen die Einrichtung?	① ② ③ ④ ⑤ ⑥	① ② ③ ④ ⑤ ⑥
4. Wie wohl fühlen Sie sich in der Eingangshalle?	① ② ③ ④ ⑤ ⑥	① ② ③ ④ ⑤ ⑥

5. Was stört Sie?...

....

6. Was würden Sie verändern?...

....

Begehung

Die Heimleitung wird mit der Leitung Reinigungsdienst in den nächsten drei Wochen täglich fünf Begehungen des Eingangsbereiches vornehmen und die
vorgefundene Situation schriftlich festhalten.
Besonderer Augenmerk wird auf Sauberkeit, Laut-
stärke, Rauch-, Trink- und Esswaren und besondere
Situationen gelegt.

Ergebnis:

Der Fragebogen wurde an die BewohnerInnen und
Angehörigen und Besucher ausgeteilt.

Nach Eingang von 50 Fragebögen von den BewohnerInnen und 50 Fragebögen von Angehörigen wurde
mit der Auswertung begonnen. Die Rücklaufquote lag
bei 48%.

Nur 20% der Besucher empfanden den ersten Ein-
druck des Eingangsbereich als ausreichend. Wobei die
Wichtigkeit als hoch angegeben wurde.
55% der BewohnerInnen empfanden die Vorhalle
als genügend (④), nur 15% mit gut.
Viele Vorschläge kamen von Seiten der Bewohner-
Innen und der Besucher, wie z.B.: andere räumliche
Aufteilung, neue Funktionen und so weiter.

Bei den Begehungen wurde festgestellt, dass Verschmutzungen oft erst nach Stunden entfernt wurden.
Die Aschenbecher waren zum Teil übervoll.
Nach der Grundreinigung am Vormittag scheint sich
niemand mehr für die Sauberkeit des Eingangsbereiches verantwortlich zu fühlen.

100

Oft waren im Cafe weniger BewohnerInnen anzutreffen als in der Eingangshalle.

Die erhobenen Daten wurden bei der nächsten Projektgruppensitzung ausgewertet und für die Informationsversammlung aufbereitet. Bei dem Informationsabend waren alle MitarbeiterInnen, BewohnerInnen und Angehörige geladen.
Es fand sich nur eine kleine Gruppe Interessierter ein. Leider auch nur zwei Angehörige. Die Ergebnisse wurden präsentiert mit den Anwesenden diskutiert und die wenigen neue Anregungen schriftlich vermerkt.

8. Schritt: Problemlösung:

Sauberkeit:
Um den erstellten Standard zu erreichen, wurde von der Leitung Reinigungsdienst ein neuer Putzplan erstellt.
Außerdem wurde der Empfang beauftragt, stündlich durch die Halle zu gehen und für Ordnung zu sorgen. Bei groben Verschmutzungen ist nach Plan die dafür zuständige Abteilung anzurufen.
Diese sind verpflichtet, innerhalb von 15 Minuten nach Meldung die Verschmutzung zu beseitigen. Von den MitarbeiterInnen des Empfangs wird darüber ein Protokoll geführt.

Die Öffnungszeiten des Café wurden abgeändert. Statt von 10.00 Uhr bis 12.00 Uhr und von 15.00 Uhr bis 19.00 Uhr sind die Zeiten nun von 14.00 Uhr bis 20.00 Uhr, da am Vormittag das Café sehr wenig besucht wurde. Diese Änderung wird vorerst für drei Monate probeweise eingeführt.

Ein Nebenraum des Café konnte als Raucher- und Fernsehraum dazugenommen werden. Dieser Raum war bislang als Lager benutzt. Die dort gelagerten Utensilien konnten in einem anderen Raum untergebracht werden.

Es wurden Mitarbeiterbesprechungen abgehalten, die die Wichtigkeit des Erscheinungsbildes der Eingangshalle zum Thema hatte. Bei diesen Besprechungen konnten auch weitere Ideen eingebracht werde.
Die vielen Anregungen von den BewohnerInnen und Angehörigen wurden ebenfalls gesichtet.

Es erfolgte ein Rauchverbot in der Eingangshalle, da nur dadurch die Bestimmungen der Brandverhütung eingehalten werden konnten.
Alle MitarbeiterInnen wurden aufgefordert rauchende BewohnerInnen und Besucher höflich auf das Rauchverbot hinzuweisen und die dafür vorhandenen Räumlichkeiten zu zeigen.
Die MitarbeiterInnen des Café wurden angehalten, die Getränke nur innerhalb des Café zu servieren. BewohnerInnen und Besucher werden höflich darauf aufmerksam gemacht, dass die Getränke das Café nicht verlassen dürfen.

Die Eingangshalle konnte neu gestrichen werden. Sie erhielt eine helle leicht gelbe Farbe. Dadurch wirkt der gesamte Raum sehr freundlich. Es wurde eine neue Möblierung beantragt. Durch eine andere Raumaufteilung soll die Möglichkeit von Ausstellungen und Veranstaltungen gegeben sein.

Die erste Veranstaltung konnte ein drei viertel Jahr nach Projektbeginn stattfinden. Es wurde ein Liederabend mit ortsansässigen Musikern aufgeführt.

Die Resonanz bei den BewohnerInnen und Angehörigen war überraschend gut.

9. Schritt: Erhebung des neuen IST – Zustandes

Die Evaluation wurde mit den selben Instrumenten durchgeführt. Zusätzlich erfolgte eine Stichprobenbefragung der Mitarbeiter über die Wichtigkeit der Funktion »Aushängeschild« des Eingangsbereiches und über die Zuständigkeiten.

Es konnten Verbesserungen in allen Bereichen festgestellt werden. Die 80% Zufriedenheit der Besucher wurden allerdings knapp verfehlt (78%).

Die Sauberkeit ist zufrieden stellend, nur drei Mal wurde die Verschmutzung später als nach 15 Minuten entfernt.

10. Schritt: Manöverkritik

Die neuen Öffnungszeiten des Café wurden sehr gut angenommen. Auch der Raucherraum fand allgemeine Zustimmung.

Die Eingangshalle wird von den BewohnerInnen zu den einzelnen jahreszeitlichen Anlässen mit Hilfe der Beschäftigungstherapeutin dekoriert, was Abwechslung in das Ambiente bringt und den BewohnerInnen viel Freude macht.

Im Herbst wurde zum ersten Mal ein Bazar veranstaltet, bei dem selbst Gebasteltes und Handarbeiten ausgestellt und verkauft wurden. Dadurch haben einige der BewohnerInnen zu neuen Aktivitäten finden können.

Die Eingangshalle ist immer mehr zu einem Kommunikationszentrum geworden.

6.3. Beschäftigung der BewohnerInnen eines privaten Altersheimes

1. Schritt: Thema

Es fiel den Mitarbeitern auf, dass zu wenig Konstanz in der Beschäftigung und Aktivierung der Bewohner durch das Pflegepersonal Gewähr leistet war. Das effektive Einbinden der Angehörigen wurde nicht vorgenommen.

Außerdem wurden immer öfters Unmutsäußerungen von Seiten der Bewohner laut, wie z.B.: »Niemand hat Zeit für mich«, »Mir ist so langweilig«. »Was soll ich nur hier den lieben langen Tag tun?«

Auch Angehörige berichteten, dass die BewohnerInnen häufig über ihre Untätigkeit klagten.

Aus diesen Gründen wurde dieses Projekt erarbeitet und durchgeführt.

2. Schritt: Grobe Beschreibung des Problems

- Langeweile im Altersheim
- Kein strukturiertes Freizeitangebot

3. Schritt: Grobe Zielsetzung

- Durch Aktivitäten die Langeweile teilweise überbrücken.
- Die Bewohner zur Eigeninitiative bewegen.

4. Schritt: Präzise Beschreibung des Problems

⇨ Die Bewohner haben zu wenig strukturierte Beschäftigung am Nachmittag und am Abend.

⇨ Die Mitarbeiter wissen über die Bedürfnisse der einzelnen Bewohner nicht Bescheid.

⇨ Welche Angehörige in welcher Ausprägung mitarbeiten möchten, ist nicht bekannt.

⇨ Die Informationen über Veranstaltungen kommen nicht zur rechten Zeit, in der richtigen Art und Weise an die Bewohner.

⇨ Das Einbinden von Veranstaltungen der Umgebung wird zu wenig wahrgenommen

⇨ Dem Wunsch nach Versorgung von Haustieren konnte bis jetzt nicht entsprochen werden.

5. Schritt: Zusammensetzung der Projektgruppe

- Pflegeleitung = Projektleitung
- Heimleiter
- 1 Diplomkrankenschwestern
- 1 Pflegehelferin
- 1 Mitarbeiterin der Hauswirtschaft
- 1 Bewohner und 1 Bewohnerin
- 1 Angehöriger

6. Schritt: Beschreibung des SOLL–Zustandes in Form von Kriterien und Standards

Kriterien:

- Gesellschaftsspiele (Jassen, Canasta, Bridge)
- Wanderungen
- Besuche von Veranstaltungen
- eigene Veranstaltungen
- Bastel- und/oder Handarbeitszirkel

Standards:

⇨ Die Bedürfnisse nach Aktivitäten sind von allen BewohnerInnen bekannt und dokumentiert.

⇨ Welche Angehörigen in welcher Form mitarbeiten möchten, ist bekannt. Die Liste liegt bei der Pflegeleitung auf.

⇨ Für eigene Veranstaltungen wird ein Jahresplan erstellt. Für die Jahresplanung ist die Heimleitung in Zusammenarbeit mit der Pflegeleitung verantwortlich. Die Jahresplanung liegt spätestens im November für das kommende Jahr auf. Sie beinhaltet im Minimum eine Veranstaltung im Monat.

⇨ Die BewohnerInnen werden einmal im Quartal über eventuelle aktuelle Wünsche befragt. Dazwischen besteht die Möglichkeit, Anliegen, Vorschläge et cetera bei der Heimleitung zu deponieren.

⇨ Für das anzuschaffende Aquarium wird ein Versorgungsplan erstellt, welcher die BewohnerInnen mit einbezieht.

⇨ Es wird eine Haustierordnung mit den BewohnerInnen erarbeitet, die folgende Punkte regeln muss:
Welche Haustiere können erlaubt werden. Wer übernimmt die Versorgung, falls die/der BewohnerIn aus Abwesenheits- oder Krankheitsgründen nicht in der Lage ist, sein Haustier zu versorgen.

⇨ Die erarbeitete Broschüre über die einzelnen Aktivitätengruppen wird von der Heimleitung in Zusammenarbeit mit der Pflegeleitung und der Mitarbeiterin der Hauswirtschaft erstellt.

Sie beinhaltet eine Auflistung der einzelnen Gruppen (Basteln, Schnitzen, Schach-Klub, Sprachen, Bridge-Klub, etc.) mit Bekanntgabe des Treffpunktes und der Zeit, sowie der Anmeldungsmodalitäten.

7. Schritt: Erhebung des IST – Zustandes
Messinstrumente entwickeln,
Durchführung der Erhebung, Vergleich
des SOLL-IST Zustandes, Präsentation der
Ergebnisse

Nachstehender Fragebogen wurde von der Projektgruppe entwickelt und an die BewohnerInnen ausgeteilt.

Fragebogen Freizeitgestaltung

1. Kennen Sie die Veranstaltungen und Beschäftigungsmöglich-
    keiten, die Ihnen hier geboten werden?

    Ja ☐   Nein ☐

2. Finden Sie dabei Ihre Wünsche berücksichtigt?

    Ja ☐   Nein ☐

3. Gibt es ein Alternativprogramm für Sie?

    Ja ☐   Nein ☐

    Ist nicht gewünscht ☐

4. Konnten Sie an den von Ihnen gewünschten
    Aktivitäten teilnehmen?

    Ja ☐   Nein ☐

    Wenn Nein, warum nicht?...

    ....

    ....

5. Wünschen Sie die Einbeziehung Ihrer Angehörigen in die
    Aktivitäten?

    Ja ☐   Nein ☐

    Ist nicht gewünscht ☐

Wenn Nein, warum nicht?...

....

....

....

6. Hätten Sie gerne die Möglichkeit, Tiere versorgen zu können
   ohne selbst Eigentümer zu sein?
   (z.B.: Betreuung des Aquariums im Gemeinschaftsraum,
   Übernahme von Pflegetieren für die Dauer der Abwesenheit
   des/der BesitzerIn)

   Ja ☐   Nein ☐

7. Hätten Sie gerne ein eigenes Haustier?

   Ja ☐   Nein ☐

   Wenn Ja, können sie es selbst versorgen?

   Ja ☐   Nein ☐

8. Und was ich schon immer sagen wollte:

   ....

   ....

   ....

Name:

Durchführung der Erhebung:

Der Fragebogen wurde am Anfang der Woche an jeden/jede BewohnerIn ausgeteilt und von der Pflegeleitung eingesammelt.

Die Projektgruppe teilt das Ergebnis dem Team mit. Die Rücklaufquote war sehr hoch und lag bei 87%.

Auszug aus dem Ergebnis:

60% der BewohnerInnen gaben an, keine ausreichende Information über die stattfindenden Aktivitäten des Heimes zu haben.

45% der BewohnerInnen wünschten sich eine Einbeziehung der Angehörigen.

Auffallend war, dass der Wunsch nach einem eigenen Haustier nur von 4 BewohnerInnen genannt wurde, dass aber die Mitarbeit und Übernahme von Pflegetieren von 20 BewohnerInnen mit ja beantwortet wurde.

Bei der anschließend einberufenen BewohnerInnensitzung erfolgte die Information über das Projekt und die Auswertung der Befragung.
Dabei wurde eine Liste aufgelegt, in der Wünsche, Anregungen aber auch Angebote von Übernahme von Veranstaltungen (z.B.: Übernahme von Vorträge, Unterricht, Kursen, etc.) eingetragen werden konnten.
Hierbei wurde auch festgelegt, wer von den BewohnerInnen an einer aktiven Mitarbeit bei der Erstellung der Broschüre und der Haustierordnung mitarbeiten würde.

8. Schritt: Problemlösung:

Die Informationsbroschüre über die schon stattfindenden regelmäßigen Aktivitäten und Interessensgruppen wurde mit der dafür festgesetzten Gruppe und den BewohnerInnen erarbeitet.

Es wurde zu einer Angehörigenveranstaltung eingeladen, bei der über das Projekt informiert wurde. Dabei konnten die Anregungen wie auch Wünsche von Seiten der Angehörigen besprochen und aufgenommen werden.

Durch den Fragebogen war bekannt, welche BewohnerInnen die Pflege der gemeinsamen Tiere übernehmen wollten. Das wurde in einem mit den BewohnerInnen erarbeiteten Betreuungsplan festgelegt. Dabei wurde festgelegt, welche Tiere noch von wo besorgt werden.

Die Haustierordnung wurde mit den BewohnerInnen erarbeitet. Das Ergebnis war, dass der Haustierwunsch der vier BewohnerInnen erfüllt werden konnte, da er was Größe und Art der Tiere anbelangte, der erarbeiteten Haustierordnung entsprach und sofort dazu ein Pflegeübernahmeplan erstellt werden konnte.

Die Pflegeleitung startete mit der Befragung der Bewohner über Interessen, Wünsche, Vorlieben, etc..

9. Schritt: Erhebung des neuen IST - Zustandes

Zu Beginn eines Quartals erfolgt eine Kontrolle in Form eines Fragebogens, der auch gleichzeitig die neuen BewohnerInnen erfassen soll.

Fragebogen zur Evaluation

1. Wurde Ihnen die Informationsbroschüre über die Veranstaltungen und Beschäftigungsmöglichkeiten, die Ihnen hier geboten werden erklärt und ausgehändigt?

    Ja ☐   Nein ☐

2. Finden Sie dabei Ihre Wünsche berücksichtigt?

    Ja ☐   Nein ☐

    Wenn Nein, welche Wünsche hätten Sie?................................

    ....

    ....

3. Konnten Sie an den von Ihnen gewünschten Aktivitäten teilnehmen?

    Ja ☐   Nein ☐

    Wenn Nein, warum nicht?..

    ....

    ....

4. Wünschen Sie die Einbeziehung Ihrer Angehörigen in die Aktivitäten?

    Ja ☐   Nein ☐

5. Hätten Sie gerne die Möglichkeit, Tiere versorgen zu können ohne selbst Eigentümer zu sein? (z.B.: Betreuung des Aquariums im Gemeinschaftsraum, Übernahme von Pflegetieren für die Dauer der Abwesenheit des/der BesitzerIn)

   Ja ☐   Nein ☐

6. Hätten Sie gerne ein eigenes Haustier?

   Ja ☐   Nein ☐

   Wenn Ja, können sie es selbst versorgen?

   Ja ☐   Nein ☐

7. Ich/meine Angehörigen würde/n gerne folgende Veranstaltung übernehmen/dabei mitarbeiten:

   ....

   ....

   ....

   Und was ich schon immer sagen wollte:...............................

   ....

   ....

   ....

Name:

Die Auswertung erfolgt durch die Heimleitung, die Ergebnisse werden in der Projektgruppe bearbeitet und bei der halbjährlichen BewohnerInnen-Sitzung vorgelegt und diskutiert.

10. Schritt: Manöverkritik

Schon nach kurzer Zeitdauer wurde das Projekt vom gesamten Team sowie den BewohnerInnen als auch der Heimleitung positiv angenommen und kontinuierlich durchgeführt.

Sowohl der Fragebogen als auch die Befragung der BewohnerInnen durch die Pflegedienstleitung, wurde von den als persönliche Wertschätzung empfunden.

Besonders positiv wirkte sich die Mitarbeit der BewohnerInnen und der Angehörigen aus. Damit konnte öfter verhindert werden, dass an den Interessen der Klienten vorbei Veranstaltungen oder weitere Freizeitangebote geplant und angeboten wurden.

Nach einem Jahr seit Beginn des Projektes konnte auch die Jahresplanung der Veranstaltungen evaluiert werden. Gleichzeitig konnten die Kosten für das Projekt berechnet werden.

Dabei erwies es sich, dass das bestehende Qualitätsniveau ohne nennenswerte Kosten gehalten wurde, da die Ressourcen (Kopierapparat, Sekretariat, BewohnerInnen, Angehörige, Mitarbeiter Hauswirtschaft) voll ausgeschöpft wurden.

Eine stichprobenartige Umfrage bei den MitarbeiterInnen ergab ebenfalls eine wesentlich höhere Zufriedenheitsrate als zu Beginn des Projektes.

Berta Tomaselli, 91 Jahre
mit Jona-Elia, 1 Jahr

Das Leben kann nur in der Schau nach rückwärts verstanden, aber nur in der Schau nach vorwärts gelebt werden.

Søren Kierkegaard (1813 - 1855), dänischer Philosoph, Theologe und Schriftsteller

6.4 Essen ist nicht nur Nahrungsaufnahme. Bedarfsgerechtes Essen im Altersheim

1. Schritt: Thema

In einem Altenheim wurden der Heimleitung immer wieder Beschwerden über das Essen mitgeteilt. Dabei handelte es sich nicht um die Darreichungsform durch das Haus- und Pflegepersonal. Die Beanstandungen betrafen immer die Qualität und Zusammenstellung des Essens. Verschiedene Speisen wurden von den BewohnerInnen prinzipiell nicht angenommen, von der Küche aber in regelmäßigen Abständen immer wieder angeboten. Dies verschärfte den Unmut einiger BewohnerInnen.

Teilweise wurde sich auch über eine nicht entsprechende Temperatur der Speisen beklagt wie auch um die mangelnde Qualität der Vollwertkost, der so genannten »gesunden Kost«.

Zudem kamen auch immer mehr Beschwerden über das Personalessen.

Die Heimleitung nahm die neuerlichen Klagen zum Anlass, das seit langem bekannte Problem mit Hilfe eines Qualitätssicherungsprojektes langfristig zu beheben.

2. Schritt: Grobe Beschreibung des Problems

Die Qualität (Geschmack, Menüzusammenstellung, Temperatur) des Essens entspricht nicht den Bedürfnissen der BewohnerInnen

3. Schritt: Grobe Zielbeschreibung

Ausgewogenes, gesundes Essen, das von den BewohnerInnen angenommen wird.

4. Schritt: Präzise Beschreibung des Problems

⇨ Optik:
- Farbzusammenstellung passt nicht
- Garnierung findet nicht statt
- Essen läuft oft auf das Tablett
- Tabletts sind unschön und unappetitlich
- Einmalverpackungen bei Käse, Butter und Marmelade machen beim Öffnen häufig Probleme.

⇨ fehlende Wahlmöglichkeit:
- Menus entsprechen häufig nicht den Bedürfnissen der alten Menschen
- Vollwertkost wird nicht angenommen (von Bewohnern wie vom Personal)

⇨ Speiseplan:
- kurze Intervalle
- keine Überraschungen
- keine sichtbare oder bemerkbare jahreszeitliche Anpassung
- Wärme von bestimmten Speisen ist nicht zufrieden stellend

5. Schritt: Zusammensetzung der Projektgruppe

- Pflegeleitung als Projektleitung
- Chefkoch und Beiköchin
- Dipl. Krankenschwester
- 1 Pflegehelferin
- 2 BewohnerInnen
- 1 Angehöriger
- der Heimleiter wird zu bestimmten Fragestellungen beigezogen

118

6. Schritt: Beschreibung des SOLL–Zustandes in Form von Kriterien und Standards

Kriterien:
- Optik
- Vollwertkost
- Einmalverpackung
- Speiseplan
- Wahlmenu
- Speisefolge
- Überraschungen
- Temperatur
- Akzeptanz

Standards:

⇨ Das Essen wird durch den schonenden Transport nicht auf das Tablett verschüttet.

⇨ Die Speisewägen sind sauber und werden einmal wöchentlich routinemäßig nach Plan gründlich gesäubert.

⇨ Für Butter, Marmelade und Käse gibt es keine Einmalverpackungen mehr.

⇨ 80% der BewohnerInnen und MitarbeiterInnen schmeckt das Essen.

⇨ Alle Speisen werden nach Plan auf das Tablett angeordnet. (z.B.: Salat links, Suppe rechts.)

⇨ Das Essen ist ansprechend garniert und hat eine gefällige Farbkombination.

⇨ Das Essen kommt in der entsprechenden Temperatur in die Stockwerke. Wie viel die minimale Temperatur noch betragen darf, wird vom Chefkoch für die verschiedenen Speisen schriftlich festgelegt.

⇨ Es wird ein monatlicher Speiseplan mit jahreszeitlicher Abstimmungen erstellt, der keine Wiederholungen bietet.

⇨ Es gibt eine tägliche Wahlmöglichkeit für Vollwertkost für BewohnerInnen und Personal.

⇨ Für Pflegefälle wird eine angepasste Kost angeboten, die die gleichen Standards erfüllt, wie die
allgemeine Kost.

⇨ Mindestens vier Mal jährlich werden öffentliche
Fortbildungen für BewohnerInnen, Angehörige
und Personal über gesunde Ernährung veranstaltet.

⇨ Es herrscht eine gepflegte und freundliche Atmosphäre in den Speisesälen. 90% der Bewohner-
Innen und des Personals sind mit dem Ambiente
und dem Service zufrieden.

7. Schritt: Erhebung des IST – Zustandes
Messinstrumente entwickeln, Durchführung
der Erhebung, Vergleich des SOLL-IST
Zustandes, Präsentation der Ergebnisse

☞ Erhebung durch Sichtung der Speisepläne mit der
Fragestellung:
Welche Speisen sind für Pflegefälle nicht
geeignet?
Welche gleichen Speisen haben verschiedene
Bezeichnungen?
(z.B.: Tellerfleisch, Rindfleisch, Tafelspitz, etc.)
Mit ausgearbeitetem Kontrollbogen wurden 28
Stichproben durch den Heimleiter bezüglich der
Farbzusammenstellung, Sauberkeit und Appetit-
lichkeit durchgeführt. Die Stichproben verteilten
sich auf 19 x Mittagessen und 9 x Abendessen

☞ Messen der Temperatur der Speisen
Beim Verlassen der Küche
Kurz vor dem Servieren

☞ Erhebung durch Fragebogen 3x in 14-tägigen Abständen jede/r BewohnerIn und anwesendes Personal.

Fragebogen Essen und Service

War die Suppe warm?	Ja ☐	Nein ☐
War das Essen warm?	Ja ☐	Nein ☐
Hat es Ihnen geschmeckt?	Ja ☐	Nein ☐
War es appetitlich angerichtet?	Ja ☐	Nein ☐
Haben Sie sich im Speisesaal wohl gefühlt?	Ja ☐	Nein ☐
War der Service freundlich?	Ja ☐	Nein ☐

Was ich noch sagen wollte:..

....

....

....

....

....

Name:

Die Auswertung der Fragebögen bestätigte die Beschreibung des Problems in vollem Umfang:

☞ Nur 42% der befragten BewohnerInnen und nur 36% der MitarbeiterInnen gaben an, dass ihnen das Essen schmeckt. Besonders häufig kamen Bemerkungen über die Sauberkeit des Tabletts und das wenig appetitlich angerichtete Essen. Bei den Stichproben wurde durch den Heimleiter festgestellt, dass über die Hälfte der Tabletts Beanstandungen aufwiesen.

☞ Eine farbliche Abstimmung war, wenn überhaupt vorhanden, zufällig. Garnierungen kamen so gut wie nie vor und wenn dann wirkten sie recht lieblos (z.B. welke Petersilie).

☞ Eine große Liste von unerwünschten Speisen konnte aufgelistet werden. Gleichzeitig hatten einige BewohnerInnen und MitarbeiterInnen Vorschläge und Wünsche aufgelistet.

☞ Lediglich die Temperatur der Mahlzeiten wurde zu diesem Zeitpunkt wenig kritisiert. Die Temperaturkontrolle durch den Küchenleiter ergab eine Kerntemperatur von ca. 74° C beim Verlassen der Küche und ca. 67° C vor dem Servieren.

☞ Die Sichtung der Speisepläne des letzten Jahres ergab, dass der 14-tägige Speiseplan häufig gleiche oder ähnliche Menüs enthielt. Zum Beispiel waren innerhalb der zwei Wochen drei gleiche Mahlzeiten unter anderem Namen angeboten worden. (Bauernomelette, Bauerngröschtl, Bratkartoffeln mit Schinken und Ei.) Nach 14 Tagen wiederholte sich der Speiseplan nur mit wenigen Abweichungen.

Die Auswertung wurde in der Projektgruppe ausführlich diskutiert. An dieser Sitzung nahm auch der Heimleiter teil.

Dabei wurde festgelegt, bis wann welcher Standard erreicht werden sollte. Gleichzeitig wurden grobe Lösungsansätze formuliert, um sie bei der geplanten Präsentation der Ergebnisse zur Diskussion stellen zu können.

Eine Zusammenfassung der Ergebnisse wurde an einem Informationsabend den MitarbeiterInnen, BewohnerInnen und Angehörigen vorgestellt.

Die Teilnehmerzahl war erfreulich hoch. Es erfolgte eine lebhafte und konstruktive Diskussion über mögliche Lösungen. Diese wurden gesammelt und bei der nächsten Sitzung der Projektgruppe bearbeitet.

8. Schritt: Problemlösung:

Bereich Küche:

Der Küchenleiter wird zwei Praktika in anderen Heimen absolvieren.

Es erfolgt darauf ein Informationsabend mit dem Küchenpersonal, welches auch Bewusstseinsbildung zum Inhalt haben wird. Die Heimleitung wird eine/n ModeratorIn zur Verfügung stellen.

Praktikum und Informationsabend sind innerhalb der nächsten zwei Monate durchgeführt.

In der Zwischenzeit entwickelt die stellvertretende Küchenleitung mit MitarbeiterInnen aus der Küche, der Betreuung und mit Bewohnern Menüs. Dabei werden die nicht gewünschten Speisen ausgetauscht.

Wie das Essen auf dem Tablett anzuordnen ist, wird schriftlich festgehalten und in der Küche für alle sichtbar angebracht.

Das Frühstück wird als Probelauf mit einem Frühstücksbuffet starten. Der Probelauf geht drei Monate. Bei eventuell auftretenden Schwierigkeiten ist die Pflegeleitung sofort einzuschalten und eine Lösung herbeizuführen.

Die Küchenleitung ist 1x pro Woche bei den Bewohnern und dem Betreuungspersonal um Feed-Back zu erhalten.

Bereich Heimleitung:

Die Heimleitung veranlasst eine außertourliche Grundreinigung aller Speisewägen und Tabletts. Es wird ein Plan erstellt, aus dem ersichtlich ist, wer wann wie die Speisewägen säubert.

Unter der Leitung der Heimleitung wird eine Arbeitsgruppe gebildet, die das appetitliche Aussehen und die Sauberkeit der Tabletts bearbeitet. Die Änderungen sollen bis in 6 Monaten zum Durchführen kommen. Größere budgetäre Anschaffungen (z.B. eventuell nötige neue Tabletts, andere Schöpfformen, etc.) müssen auf das nächste Jahr verlegt werden, haben dann aber Priorität.

Eine weitere Arbeitsgruppe mit den MitarbeiterInnen der Hauswirtschaft erarbeitet Vorschläge für eine freundliche Atmosphäre und ein ansprechenderes Ambiente. Diese Vorschläge werden in den nächsten sechs Monaten umgesetzt.

Die MitarbeiterInnen wie auch das Küchenpersonal erhalten eine Fortbildung über persönliche Hygiene, Auftreten und Verhalten Kunden gegenüber.

Bereich Pflegeleitung:

Von der Seite der Betreuung werden weitere Verbesserungsmöglichkeiten ausgearbeitet und mit der Küchenleitung besprochen. Es wird Sorge dafür getragen, dass ein Klima geschaffen wird, in dem konstruktive Kritik und keine Schuldzuweisung herrscht.

Die Pflegeleitung organisiert zwei Informationsabende im nächsten halben Jahr, welche die gesunde Ernährung im Alter zum Thema hat. Eingeladen sind alle MitarbeiterInnen, BewohnerInnen und Angehörige.

Ein Informationsabend mit Bekanntgabe der Ergebnisse aus der zweiten IST-Erhebung erfolgt spätestens zwei Monate nach der Erhebung.

9. Schritt: Erhebung des neuen IST - Zustandes

Die Heimleitung kontrollierte die Sauberkeit und Appetitlichkeit der Tabletts. Außerdem wurde der Reinigungsplan der Wägen und der Anordnungsplan der Tabletts überprüft. Diese Kontrollen wurden alle vier Wochen an einem unbestimmten Tag durchgeführt und protokolliert.

Beanstandungen konnten sofort mit den Betroffenen abgeklärt werden

Die Garnierung und gefällige Farbkombination wurden drei Mal wöchentlich in wechselnden Wohnbereichen von der Pflegeleitung überprüft. Auffälligkeiten und/oder Fragen dazu wurden sofort mit der Küchenleitung besprochen.

Die neue Erhebung erfolgte 10 Monate nach der ersten Ist-Erhebung mit den selben Erhebungsinstrumenten.

Die Speisepläne wurde überprüft auf:

- Gleiche Speisen
- Wiederholungen
- Jahreszeitliche Abstimmung
- Vollwertkost
- Wahlmenu

Temperatur:

Die Temperatur wurde folgenderweise festgelegt:
nicht unter 75° C beim Verlassen der Küche
nicht unter 68° C beim Bewohner

Die Küchenleitung kontrollierte zwei Mal in der Woche an unterschiedlichen Tagen die Temperatur der Speisen und der warmen Getränke. Die Ergebnisse wurden schriftlich niedergelegt.

Die Fragebögen wurden an BewohnerInnen und MitarbeiterInnen ausgeteilt.

Bei Pflegefällen überprüfte das betreuende Personal täglich die Qualität der Speisen. Bei Abweichungen erfolgte eine sofortige Rücksprache mit der Küche und ein kurzes Ergebnisprotokoll durch die Stations-leitung.

Zusammenfassendes Ergebnis der Überprüfung:

Die Auswertung der Fragebögen ergab eine wesent-liche Verbesserung im Bereich Sauberkeit, Ambiente (78%).
Auch die Akzeptanz der Speisen konnte gesteigert werden. 72% gaben an, dass ihnen das Essen schmeckt.

Die Kontrollen der Heimleitung ergaben in den letzten drei Monaten keine Abweichungen.

Die festgelegte Temperatur konnte nach anfänglichen Schwierigkeiten in den letzten vier Monaten eingehalten werden.

Die Sichtung der Speisepläne ergab noch einige Schwierigkeiten in der Abwechslung der Vollwertnahrung.

Von den Wohnbereichen waren keine Beanstandungen mehr gekommen. Deshalb hatte die Pflegeleitung den Intervall für die Kontrollen verlängert. Bis auf zwei wichtige Standards konnten alle anderen Standards erreicht werden.

Bei der Zufriedenheit mit der Qualität (Geschmack) des Essens und der Zufriedenheit mit dem Ambiente sowie dem Service zeigte sich eine wesentliche Verbesserung; die Standards konnten aber noch nicht erreicht werden.

Bei der Informationsveranstaltung für die BewohnerInnen und das Personal wurde sich von allen Seiten auch lobend über die erkennbaren Verbesserungen geäußert.
Die konstruktive Stimmung während der Versammlung ermöglichte, dass weitere Vorschläge erarbeitet werden konnte.

10. Schritt: Manöverkritik

Das Einbeziehen der BewohnerInnen und deren Angehörigen hatte einen äußerst positiven Einfluss auf den Verlauf des Projektes.

Anfängliche Schwierigkeiten, z.B. bei der Einführung des Frühstücksbuffets, konnten so konstruktiv bewältigt werden.

Besonders hervorzuheben ist die positive Veränderung in der Zusammenarbeit der einzelnen Dienste. So arbeiteten an der Umgestaltung der Speisezimmer BewohnerInnen wie Betreuungspersonal und die MitarbeiterInnen der Hauswirtschaft zusammen.

Es entwickelte sich eine Gruppe, die monatliche »kulinarische Highlights« erarbeitete und auch für die farbenprächtige Einladung dazu verantwortlich war.

Die Informationsabende über »gesunde Kost im Alter« wurden ausgeweitet und öffentlich ausgeschrieben. Der Anklang in der Bevölkerung war gut.

Es entwickelte sich aus diesem Projekt heraus die Überlegung, eine völlig andere Essenskultur in das Heim zu bringen.
Flexiblere Essenszeiten, weitere Wahlmöglichkeit, Selbstbedienung, kleine Essgruppen, etc. wurden angesprochen und in die Projektgruppe aufgenommen.

6.5 Informationsfluss unter den MitarbeiterInnen einer 30 Betten Pflegestation

1. Schritt: Thema

Auf einer Pflegeabteilung kam es immer wieder zu Mängeln in der Informationsweitergabe, die schwere Auswirkungen auf die zu Betreuenden und deren Angehörigen hatte.

Es handelte sich hier um eine Pflegeabteilung mit 30 Betten, deren Arbeitsschwerpunkt auf der Rehabilitation nach größeren orthopädischen Operationen, nach Schlaganfällen und von Unfallpatienten lag. Der Altersdurchschnitt der Patienten beträgt ca. 78 Jahre.

Hier eine kurze Auswahl an Beispielen:

⇨ Eine Patientin wurde über das Wochenende nach Hause entlassen ohne, dass die Angehörigen informiert waren.

⇨ Laborkontrollen wurden nicht durchgeführt, da die Anordnung dazu auf einem Zettel stand, der nicht gesehen wurde.

⇨ Termine mit dem Sozialarbeiter konnten nicht stattfinden, da entweder der Patient oder der Sozialarbeiter nicht rechtzeitig informiert wurden.

⇨ Pflegehandlungen wurden doppelt oder zu spät durchgeführt, da aus der Dokumentation nicht hervorging, z.B. wann welche Lagerung erfolgt war.

⇨ Ein Patient wartete in der Kälte mit den Angehörigen 20 Minuten auf ein Taxi. Die Station hatte »vergessen« dieses zu bestellen.

Bei einer Teamsitzung wurde von den Mitarbeitern der Station dieses Projekt angeregt.

2. Schritt: Grobe Beschreibung des Problems

- Das Pflegeteam hat den Eindruck, dass die Patienten bzw. deren Angehörige unzufrieden sind, was den Informationsstand des Pflegepersonals anbelangt.

- Die Mitglieder des Pflegeteams sind unzufrieden, wenn sie von Patienten oder Angehörigen um Auskunft gefragt werden und sie keine geben können.

- Mangelhafte schriftliche Dokumentation.

3. Schritt: Grobe Zielsetzung

- Ausreichender Informationsstand des Dienst habenden Pflegepersonals.

- Nachvollziehbare schriftliche Dokumentation.

- Die Patienten und deren Angehörige sind besser informiert

4. Schritt: Präzise Beschreibung des Problems

⇨ Fehler bei der Informationsweitergabe
⇨ Mangelhafte Informationsweitergabe
⇨ »chaotisches Zettelwerk«
⇨ dadurch Fehler bei der Patientenbetreuung
⇨ unzufriedene und verunsicherte
　　⇨ Patienten
　　⇨ Angehörige
　　⇨ Mitarbeiter

5. Schritt: Zusammensetzung der Projektgruppe

- 1 Dipl. Krankenpfleger als Projektleiter
- Stationsleiter
- 1 weitere Dipl. Krankenpflegeperson
- 1 Pflegehelferin
- der Stationsarzt wird zu bestimmten Fragestellungen beigezogen

6. Schritt: Beschreibung des SOLL–Zustandes in Form von Kriterien und Standards

Kriterien:

- Mündliche Informationsweitergabe
- Schriftliche Informationsweitergabe
  (Dokumentation)

Standards:

⇨ Jede wichtige Information wird an die richtige Stelle weitergegeben. (mündlich bzw. schriftlich). D.h. zumindest eine diplomierte Pflegekraft muss Bescheid wissen.

⇨ Eine mangelhafte bzw. fehlende Informationsweitergabe mit nachfolgender Nachbesprechung pro Woche ist noch im Standard.

⇨ Die Dokumentation ist nachvollziehbar und überprüfbar.

7. Schritt: Erhebung des IST – Zustandes
Messinstrumente entwickeln, Durch-
führung der Erhebung, Vergleich des
SOLL-IST Zustandes, Präsentation der
Ergebnisse

Zuerst musste eine Ist-Erhebung durchgeführt werden, um die Art der bisherigen Informationsweitergabe zu sichten. Dabei wurden folgende Informations-
träger ermittelt.

1. Mündliche Informationsweitergaben:

⇨ Übergaben am Morgen (Nachtdienst-Pflegeteam)
⇨ Übergabe Stützpunkt - Arzt und Pflegeteam
⇨ Übergabe Stützpunkt Stationspfleger -
   Dipl. Pflegepersonal
⇨ Übergabe Dipl. Pflegepersonal - Nachtdienst

2. Schriftliche Informationsweitergabe:

⇨ Kardex:
   Blatt auf dem Vitalwerte, Medikamente, Kompli-
   kationen, Erledigungen, Kontrollen, Körpermaße
   eingetragen werden.

⇨ Rapportblatt:
   Besonderheiten werden täglich eingetragen.

⇨ Blatt für Pflegeplanung:
   Wird wöchentlich bei allen Patienten durchge-
   gangen. Notwendige Änderungen werden sofort
   eingetragen.
⇨ Therapie Besprechungen (Orthopädie, Unfallchi-
   rurgie, Physiotherapie, Ergotherapie, Logopädie).
   Neuigkeiten werden grün auf Rapportblatt eingetragen.

132

⇨ Besprechungen über eine sinnvolle Beschäftigung der Patienten außerhalb der Therapien wurden nur sporadisch durchgeführt.
⇨ Stehkalender für Termine (Transporte, Untersuchungen, zu erledigende Dinge, Termine
⇨ Stehkalender für Wochenendurlaube der Patienten.
⇨ Stehkalender für Labor (Nachtdienst muss anhand dieses Kalenders das Labor herrichten)
⇨ Stecktafel über dem Bürotisch: Patientennamen Therapien, Therapiepläne, diverse Zettel
⇨ Korktafel über Schreibmaschinentisch (diverse Informationsblätter fürs Pflegepersonal, Arzt und Sozialdienste)
⇨ Korktafel im Arbeitsraum für Labor-Informationen
⇨ Verschiedene Listen im Arbeitsraum über dem Notfallwagen (Nachtdiensttätigkeiten, O_2-Gerät, Kontrollen, Kaffeemaschine entkalken, Medikamentenablaufkontrolle, Rollstuhlbatterien-Kontrolle).

Auf die Erhebung früherer mangelhafter Weitergaben wurde verzichtet, da die Fehlerquelle durch die geringe schriftliche Dokumentation (chaotisches Zettelwerk bzw. überhaupt nicht notiert) nicht mehr rekonstruierbar war.

Präsentation im Team:

Die Mitarbeiter waren von Beginn an in einer Teamsitzung über das geplante Projekt informiert worden.
Allgemein kann man sagen, dass keine Ablehnung, jedoch eine gewisse Skepsis zu spüren war.
Die nächste Informationsrunde erfolgte nach dem Abschluss der Ist-Erhebung.

Aus der Diskussion der Ist-Erhebungsergebnisse konnten sofort Lösungsansätze gefunden werden, die die Projektgruppe aufnahm und überarbeitete.

8. Schritt: Problemlösung

Entfernt wurde der Laborkalender, der Patientenausgangskalender, die chaotische Zettelwirtschaft auf dem Schreibtisch und an der Stecktafel über dem Schreibtisch.

Stattdessen wurde ein Bürobuch angelegt, in das noch zu erledigende Dinge, Informationen an den Arzt, an das Pflegeteam, an den Nachtdienst; Termine, Ausgänge und Urlaube der Patienten und zu erledigende Laborsachen nachvollziehbar eingetragen werden und in das sonstige kurzfristige Vereinbarungen, Gespräche und Telefonate aufgezeichnet werden können.

Weiterhin wurde ein Ordner als Nachschlagwerk eingerichtet, in das laufend organisatorische Informationen eingetragen und auch abgeändert werden können.

Stützpunkt bzw. Büro:

Derjenige der den Stützpunkt übernimmt, muss sich umfassend informieren (durch mündliche Übergabe und durch Nachlesen). Nach der Nachtdienstübergabe wird täglich eine Kardex-Besprechung nur für das Pflegeteam durchgeführt werden.

Die Stützpunktleitung macht die Übergabe an den Stationsarzt und informiert das Pflegeteam über Neuigkeiten seitens des Arztes.

Rapporte:

Besonderheiten werden wie bisher täglich rapportiert.

Zusammenfassende Rapporte von jedem Patienten werden in regelmäßigen Abständen (mindestens zwei Mal wöchentlich) vom Pflegeteam geschrieben.

Zur Erhebung weiterer Weitergabefehler wurde eine Liste entworfen, in die jeder vom Pflegeteam einen allfälligen Informationsweitergabefehler einträgt und die Betroffenen aufgefordert werden, der Ursache nachzugehen und die Fehlerquelle auszuschalten.

Die schriftliche Dokumentation (einmalig und am richtigen Platz dokumentieren - Abschaffung der Zettelwirtschaft so weit als möglich) wird überarbeitet und erweitert.
Die Durchführung der in der Teambesprechung erfolgten Vorschläge oblag der Projektleitung.

Hilfsmittel:

- Dokumentation der mündlichen Übergaben.
- übersichtliche Dokumentation im Kardex, Büro-Buch, Ordner.
- Stecktafel, Stehkalender beim Schreibtisch.

9. Schritt: Erhebung des neuen IST - Zustandes

Die neue Liste für die Informationsweitergabefehler wird vom Projektleiter kontrolliert. Er hält fest, ob der Standard erreicht wurde.

Ist der Projektleiter nicht anwesend, übernimmt die Kontrolle ein dafür benanntes Mitglied der Projektgruppe.

Wird ein Informationsweitergabefehler festgestellt, so muss noch am selben Tag zusammen mit den übrigen Mitarbeitern der Pflegeteams versucht werden, die Ursache für diesen Fehler herauszufinden und sich dementsprechende Maßnahmen zu überlegen.

Wird der Standard über vier Wochen nicht erreicht, so muss die Projektgruppe wieder zusammenkommen und neue Maßnahmen erarbeiten, oder den Standard überprüfen.

10. Schritt: Manöverkritik

Im Laufe der Zeit zeigte sich, dass die Unterstützung des Stationsleiters nicht in dem Maße vorhanden war, wie dies für das Weiterkommen des Projekts notwendig gewesen wäre.

So war er z.B. nicht bereit Sitzungen der Projektgruppe einzuberufen. Auch notwendige Teamsitzungen wurden nicht abgehalten.
Zudem wurden weitere anstehende Probleme zu wenig bearbeitet.
Diese Umstände führten schließlich dazu, dass Mängel in der Informationsweitergabe nicht mehr regelmäßig notiert wurden, da außer dem Projektleiter niemand bereit war, sich um die Fortführung des Projektes zu kümmern.
Mitbedingt durch die Personalsituation in der Urlaubszeit kam es schließlich so weit, dass keine Eintragungen mehr gemacht wurden.

Obwohl nach Absprache mit der Leitung der hausinternen Qualitätssicherungsgruppe, der Stationsleiter die Projektleitung übernommen hatte und es zu insgesamt drei Aussprachen kam, war es nicht mehr möglich das Projekt »wiederzubeleben«.

Die Verbesserungen im Dokumentationssystem konnte jedoch beibehalten werden.

Dieses Beispiel zeigt deutlich, dass eine engagierte Einzelleistung nicht ausreicht ein Projekt über längere Zeit durchzuführen (siehe Kapitel: Voraussetzungen zur Realisierung)

6.6. Einführung der Bezugspersonenpflege im geriatrischen Bereich

1. Schritt: Thema

Nachdem die frühere Einführung der Bezugspersonenpflege aus den verschiedensten Gründen scheiterte, wurde im Rahmen einer Projektarbeit zum Abschluss einer Sonderausbildung für Stationsleitungen das Qualitätssicherungsprojekt »Wiedereinführung der Bezugspersonenpflege« im Frühjahr gestartet.
Als Grundlage für den Einstieg diente ein vorangegangener Fragebogen, der von 98%(!) der MitarbeiterInnen ausgefüllt wurde.

Die drei Stationen einer geriatrischen Abteilung beteiligten sich an diesem Projekt.

2. Schritt: Grobe Beschreibung des Problems

Die ganzheitliche Sichtweise und Betreuung der PatientInnen ist durch die derzeitige durchgeführte Pflege unzureichend.

Die Einführung der Bezugspflege vor zwei Jahren war nicht erfolgreich.

3. Schritt: Grobe Zielsetzung

Wiedereinführung der Bezugspflege, die eine ganzheitliche Sichtweise und Betreuung der PatientInnen Gewähr leistet.

138

4. Schritt: Präzise Beschreibung des Problems

⇨ Mangelhafter theoretischer Hintergrund aller-
   Beteiligten
⇨ Teilweise fehlende Organisationsstruktur
   keine messbaren Ziele
   keine genau definierten Ziele
   die Aufgabengebiete sind nicht klar abgegrenzt
   das interdisziplinäre Team war nicht informiert
   (Ärzte, Psychologen)
   die Evaluation war unzureichend, mangelhaft
   oder fehlte
⇨ Fehlende bzw. starre Strukturen in Bezug auf das
   Konzept.
   Daraus resultiert:
   mangelndes Verständnis
   mangelnde Umsetzung
   mangelhafte Dokumentation
⇨ Mangelhafte Information aller Beteiligten
⇨ Es ist mehr persönliches Engagement gefordert

Die Zusammensetzung der Projektgruppe konnte, nachdem die Problemkreise heraus gearbeitet waren, recht
schnell erfolgen.

5. Schritt: Zusammensetzung der Projektgruppe

- Abteilungsleitung = Projektleitung
- 3 Stationsleitungen
- 2 Dipl. psych. Krankenpfleger
- 1 Pflegehelferin
- Externe Beratung und Moderation durch die zu
  ständige Qualitätsmanagerin
Mit dieser Gruppe wurden die weiteren Schritte erarbeitet.

6. Schritt: Beschreibung des SOLL–Zustandes in Form von Kriterien und Standards

Kriterien:

- Erstgespräch
  - Zuteilung der Bezugsperson
  - Aufnahme:
    - gemeinsames Aufnahmegespräch
    - Diplompersonal
    - Dokumentation
- Dokumentation allgemein
- Zuwendungseinheiten

Standards:

⇨ Jeder Mitarbeiter der Pflege kennt die theoretischen Grundlagen der Bezugspflege und setzt diese in die Praxis um.

⇨ Alle Mitarbeiter des interdisziplinären Teams wissen über die Grundlagen der Bezugspflege Bescheid und unterstützen diese aktiv.
Für die Vermittlung dieses Wissens und die Instruierung neuer Mitarbeiter dieses Teams ist die Stationsleitung verantwortlich.

⇨ Alle Aufnahmen werden vom Diplompersonal vorgenommen; das dazugehörige Gespräch wird am Aufnahmetag vom Diplompersonal durchgeführt.

⇨ Das Gespräch ist am ersten Tag zu dokumentieren, fehlende Daten sind innerhalb von zwei Tagen zu komplettieren.

⇨ Das Gespräch wird von Montag bis Freitag mit dem zuständigen Aufnahmearzt gemeinsam geführt und im Aufnahmerapport vermerkt.

140

In der Nacht und am Wochenende muss das gemeinsame Gespräch (PatientInnen, Angehörige, Arzt, Bezugsperson, bzw. dipl. Pflegekraft) innerhalb einer Woche stattfinden.
Dies entfällt bei einer Aufnahme, bei der der Aufnahmearzt gleichzeitig der Stationsarzt ist.

⇨ Alle Gespräche, die von Mitgliedern des interdisziplinären Teams geführt werden, und die Betreuung zum Inhalt haben, müssen im Beisein der Bezugsperson geführt werden.
Bei Abwesenheit der Bezugsperson nimmt die Tagesbegleitperson an diesen Gesprächen teil.

⇨ Die Zuteilung der Bezugsperson erfolgt durch die Stationsleitung oder deren Stellvertretung und wird auf dem Erstgesprächsblatt vermerkt.
Bei Akutaufnahmen erfolgt die Zuteilung bis zum Abend. Die Bezugsperson ist spätestens am dritten Tag im Dienst.

⇨ Die interdisziplinären Sitzungen finden alle vier bis sechs Wochen statt. Der Termin wird gemeinsam festgelegt. Der Teilnehmerkreis besteht aus:

Pflegepersonen, Arzt/Ärtzin,
PsychologIn, SozialarbeiterIn,
PhysiotherapeutIn,
Aktivierungstherapeutin

⇨ Für die Entlassung hat die Bezugsperson sämtliche Vorbereitungen zu treffen (siehe Checkliste). Die Belange der Übergangspflege sind besonders zu berücksichtigen. Der Abschlussbericht ist von der Bezugsperson innerhalb von drei Tagen zu verfassen.

⇨ Das Pflegebegleitschreiben ist von der Bezugsperson so abzufassen, dass es bei der Entlassung mitgegeben werden kann.

7. Schritt: Erhebung des IST – Zustandes
Messinstrumente entwickeln, Durchführung der Erhebung, Vergleich des SOLL-IST Zustandes, Präsentation der Ergebnisse

Dokumentensichtung:

Die Pflegedokumentation wird von der Abteilungsleitung überprüft.

Überprüfungszeitraum: Juni und Juli
Kriterien:
Aufnehmende Person, Erstgespräch, Lesbarkeit, Kongruenz, ATL's, Biografie, Zusammenfassung der Qualität

Die Abteilungsleitung wird diese Überprüfung nochmals in zirka einem Jahr mit den selben Kriterien vornehmen und zusätzlich nachstehende Kriterien mitüberprüfen:

Erweiterung der Kriterien:
Zuteilung der Bezugsperson,
Vermerk auf dem Erstgesprächsblatt,
Einzelzuwendungen durch die Bezugsperson,
Einzelzuwendung durch die Tagesbegleitperson,
Fertigstellung des Abschlussberichtes

Fragebogen:
Der Fragebogen aus dem vorangegangenen Winter wird in der selben Form zur Messung von Veränderungen

herangezogen. Früheste Kontrolle mit diesem Instrument ist im nächstfolgenden Frühjahr.

Interview:

Die MitarbeiterInnen des interdisziplinären Teams werden von den Stationsleitungen über die Grundlagen der Bezugspflege befragt.
Auf allen Stationen werden die selben Fragen benutzt.
Die Befragung ist bis Mitte Oktober abzuschließen.

Präsentation der Ist-Erhebung in den Teams bis Ende des Jahres.
Präsentation des gesamten Projektes im Februar des darauf folgenden Jahres mit anschließendem kleinen Buffet Teamsitzungen monatlich mit weiterführenden Informationen.

8. Schritt: Problemlösung

Es wurden folgende Aktionen vorgenommen:
Um die theoretischen Grundsätze einheitlich an alle Mitarbeiter zu bringen, wurden bei den Teamsitzungen Informationsveranstaltungen von der Oberschwester durchgeführt und ein von der Projektgruppe erarbeitetes Konzept ausgeteilt.
Es entstanden Merkblätter über die Aufgaben der Bezugsperson und der Tagesbegleitperson (siehe Anhang), die ebenfalls allen MitarbeiterInnen zur Kenntnis gebracht wurden.
In diesem Rahmen konnte auch eine neue Check-Liste (siehe Anhang) für die Entlassung von PatientInnen erstellt werden.

9. Schritt: Erhebung des neuen IST – Zustandes

Die Überprüfungen der Standards erfolgt nach Plan und definierten Zuständigkeiten. Als Beispiel der Evaluation werden die Überprüfungen der ersten Standards nachstehend angeführt.

Fragen zu Standard 1:

»Jeder Mitarbeiter der Pflege kennt die theoretischen Grundlagen der Bezugspflege und setzt diese in die Praxis um«.

1. Nennen Sie die Aufgaben der Bezugsperson und erklären Sie die Auswirkungen in der Praxis.

2. Nennen Sie die Aufgaben der Tagesbegleitperson erklären Sie die Auswirkungen in der Praxis.

3. Welche Aufgaben können von der Bezugsperson *nicht* delegiert werden?

4. Was unterscheidet die Bezugspflege von anderen Betreuungsmodellen in der Pflege?

5. Was bedeutet für Sie die Bezugspflege?

Die Überprüfung wird als Interview von der jeweiligen Stationsleitung während eines vorgegebenen Zeitraumes durchgeführt und ausgewertet.

Diese Überprüfung kann das Wissensprofil der gesamten Geriatrie aber auch die Unterschiede der einzelnen Stationen darlegen. Konsequenzen in Form von z. B. Nachschulungen, Fortbildung können so ganz gezielt angegangen werden.

Fragen zu Standard 2:

»Alle Mitarbeiter des interdisziplinären Teams wissen über die Grundlagen der Bezugspflege Bescheid und unterstützen diese aktiv.
Für die Vermittlung dieses Wissens und die Instruierung neuer Mitarbeiter dieses Teams ist die Stationsleitung verantwortlich«.

1. Wurden Sie über die Bezugspflege ausreichend informiert?
   Möchten Sie noch zusätzliche Informationen?

2. Kennen Sie den Unterschied zwischen Bezugsperson und Tagesbegleitperson?

3. Wie sehen Sie weiterhin die Sitzungen des interdisziplinären Teams?
   Wie bisher?
   Ändern in Form von:

4. Sehen Sie Verbesserungen seit der Einführung der Bezugspflege bei der Betreuung?

5. Wo sehen Sie Reibungspunkte in Bezug auf das System Bezugspflege?

Der Fragebogen wird von der Abteilungsleitung persönlich ausgeteilt und ausgewertet.

10. Schritt: Manöverkritik

Durch die vorangegangenen Bemühungen, das Bezugspersonensystem einzuführen, musste mit Widerstand bei einzelnen Pflegepersonen gerechnet werden. Dies kam auch bei der MitarbeiterInnen-Befragung gut zum Ausdruck.

Dieser Skepsis wurde mit gezielten Informationsveranstaltungen, Teamsitzungen und einheitlichem Verhalten der einzelnen Stationsleitungen Rechnung getragen.

Die Projektgruppe konnte durch den systematischen Aufbau sehr speditiv arbeiten. Durch die große Offenheit in der Gruppe war es auch möglich, alle anstehenden Probleme (besonders im personellen Bereich) auszudiskutieren.

Besonders die Diskussionen über »geplante Pflege« und »zusätzliche Zuwendungen« an PatientInnen waren sehr wertvoll und trugen zur Klärung des Pflegeverständnisses bei.

Eine große Informationsveranstaltung im Versammlungssaal stieß auf großes Interesse bei den anderen Abteilungen und anderen Berufsgruppen des Hauses. Dadurch erfuhr das Projekt auch für die Beteiligten eine Aufwertung. Dies erleichterte den Start der Umsetzung zum 01. März enorm.

Die Messinstrumente zur Überprüfung der einzelnen Standards wurden fertig gestellt und werden nach einer sechs monatigen Einführungsphase das erste Mal eingesetzt.

6.7. Einführung von Pflegestandards in die Alten- und Pflegeheime einer Region

1. Schritt: Thema

Während der Ausbildung zur Pflegedienstleitung, welche das Institut für Gesundheits- und Krankenpflege Vorarlberg (IGK) organisierte, wurde in der Seminarwoche »Qualitätssicherung« unter anderem auch die Notwendigkeit von Pflegestandards diskutiert.
Nachfolgendes Projekt ist das Ergebnis aus diesem Workshop mit A. C. Korn: »Qualitätssicherung in der Betreuungsarbeit im Langzeitbereich«.

2. Schritt: Grobe Beschreibung des Problems

Unterschiedliche Handhabung von Pflegemaßnahmen

Fehlende einheitliche Richtlinien für alle Pflege- und Altersheime der Region

3. Schritt: Grobe Zielsetzung

Klare Beschreibung diverser Pflegehandlungen nach den neuesten wissenschaftlichen Erkenntnissen für alle Alters- und Pflegeheime, sowie der chron. Krankenstationen

Durchführung und Einhaltung dieser Richtlinien in den Institutionen.

4. Schritt: Präzise Beschreibung des Problems

⇨ Pflegemaßnahmen werden unterschiedlich gehandhabt

⇨ Benutzung von verschiedensten Materialien
⇨ Erhöhte Fehlerquote
⇨ Unterschiedliche Pflegeauffassung der
    Leitungen
⇨ Qualitätsunterschiede der einzelnen Häuser
⇨ Unsicherheit beim Personal
⇨ Unsicherheit bei Bewohnern/Angehörigen
⇨ Unterschiedlicher Zeitaufwand
⇨ Fehlende Nachvollziehbarkeit
⇨ Keine Kostentransparenz

5. Schritt: Zusammensetzung der Projektgruppe

- 1 Pflegeleitung als Projektleitung
- 1 Abteilungspfleger aus einer Klinik, der
     erfahren ist in Erarbeiten von Pflegestandards
- 1 Stationsleitung, welche schon mit Pflegestan-
     dards arbeitet
- 2 Dipl. Krankenpflegepersonen
- 1 Pflegehelferin

Zur Bearbeitung der speziellen Fragestellungen wer-
den externe Berater hinzugezogen, wie z.B.: Ärztlicher
Bereich, externe Pflegeexperten, Krankenpflegeschule,
Heimleitung.

6. Schritt: Beschreibung des SOLL–Zustandes in Form von Kriterien und Standards

Kriterien:
- Pflegestandards
- Dokumentation
- Zeit
- Kompetenz

Standards:

⇨ Die Mitarbeiter der Institutionen sind über das Projekt und die Ausarbeitung der allgemein gültigen Richtlinien informiert.

⇨ Die ausgearbeiteten Pflegestandards liegen in den Institutionen auf und sind für alle Mitarbeiter zugänglich.

⇨ In zwei Jahren arbeiten 50 % der Institutionen nachvollziehbar nach den ausgearbeiteten Richtlinien.

⇨ Fernziel sind alle Institutionen.

⇨ Ein Kontrollorgan wird von der Projektgruppe erarbeitet. Die Kompetenzen werden im Arbeitskreis der AltenheimleiterInnen vorgestellt.

7. Schritt: Erhebung des IST – Zustandes
Messinstrumente entwickeln, Durchführung der Erhebung, Vergleich des SOLL-IST Zustandes, Präsentation der Ergebnisse

⇨ Erfassen der vorhandenen Pflegestandards aus den Institutionen und
⇨ Erhebung der gewünschten Standards durch nachstehenden Fragebogen:

Fragebogen
für die Ist-Erhebung
des Qualitätssicherungsprojektes
»Pflegestandards«

Sehr geehrte Leitung!

Um eine gezieltere Vorgangsweise zur Bearbeitung o.g. Projektes wählen zu können, bitten wir Sie, nachstehende Fragen zu beantworten und den ausgefüllten Bogen an den Krankenpflegeverband einzusenden.
Besten Dank für Ihre Mitarbeit.
Das Projektteam

1. Verwenden Sie in Ihrer Institution Pflegestandards?

Ja ☐   Nein ☐

Wenn Ja, welche:..

....

....

....

Bemerkungen:..

....

....

....

2. Würden Sie für die Einführung der Pflegestandards Unterstützung benötigen?

Ja   ☐   O Externe Information
                O Externe Beratung
                O Externe Schulung

Nein   ☐

Bemerkungen:..

....

....

....

3. Welche Pflegeprobleme und/oder Pflegehandlungen möchten
Sie durch Pflegestandards geregelt haben?

....

.....................:..

....

....

Bemerkungen:..

....

....

....

4. Hätten Sie oder Mitarbeiter aus Ihrer Institution Interesse, in einer Arbeitsgruppe zur Erstellung der Pflegestandards mitzuarbeiten?

Ja ☐   Nein ☐

Wenn ja, wer?

....

....

....

Weitere Vorschläge und Anregungen:..

....

....

....

Informationen durch die Projektgruppe:

1. Die Vorsitzende der ARGE Heimleitungen wird durch die Projektleitung informiert.
2. Vorstellung des Projektes bei der nächsten ARGE-Sitzung. Die Leitungen werden dabei gebeten, ihre Mitarbeiter über das Projekt und die Ist-Erhebung zu informieren.
3. Der Abteilungsleiter informiert die ARGE Pflegeleitungen/Schulleitungen über das Projekt, mit der Bitte um Zusenden der schon vorhandenen Pflegestandards.

4. Eine schriftliche Information über den Start des Projektes erfolgt an alle Institutionen, sowie eine laufende Information über das Projekt in den ARGE-Sitzungen und als Beilage zum Protokoll.
5. Vorstellung des Qualitätssicherungsprojektes als Tagungspunkt am Geriatrie-Konkress.

Ressourcen:

☞ Interessierte Heime
☞ Wissen um die Notwendigkeit
☞ Unterstützung durch einen Coach
☞ Zusammenarbeit und Unterstützung durch und mit dem Krankenpflegeverband

Ergebnis der Befragung:

Die Rücklaufquote des Fragebogens war sehr hoch. Sie lag bei fast 70%(!)
Die Auswertung wurde vom IGK übernommen.
Die aus den Häusern gemachten Vorschläge von Themenschwerpunkten konnten aufgegriffen werden und in vier Themenbereiche zusammengefasst werden.

8. Schritt: Problemlösung

Es wurden vier Arbeitsgruppen gebildet, die sich den einzelnen Themenbereichen annahmen. Diesen Arbeitskreisen gehörten auch die Mitglieder der Projektgruppe an.
Die vier Themenbereiche sind:
    die Lebensbegleitung,
    die Sterbebegleitung
    die Grundpflege und
    die Behandlungspflege

Gleichzeitig wurden die Rahmenbedingungen beschrieben, unter denen gepflegt werden soll, z.B. räumliche Beschaffenheiten, Personalbedarf, Materialien, Zeiteinteilung, et cetera.

Die Arbeitsgruppen trafen sich in regelmäßigen Abständen und erarbeiteten über 25 Standards für Grund- und Behandlungspflege, sowie über 10 Standards für Lebens- und Sterbebegleitung.
Nach der Erarbeitungsphase wurden die Ergebnisse aus den Gruppen zusammengefasst und durch Pflegefachkräfte überprüft und überarbeitet.

Das endgültige Produkt ist ein Ordner »PFLEGE-STANDARDS für die Langzeitpflege« in dem die Pflegestandards im Loseblattverfahren eingeordnet sind.
Gleichzeitig wird eine EDV-Version auf Diskette mitgegeben, die es den einzelnen Heimen ermöglicht, Adaptierungen und Modifizierungen einfach vornehmen zu können.
Dieser Ordner kann über das Institut für Gesundheits- und Krankenpflege, Postfach 52, A-6900 Bregenz bezogen werden.

9. Schritt: Erhebung des neuen Ist-Zustandes

Die Aktualisierung wird vom IGK jährlich vorgenommen. Dabei wird von der Projektgruppe überprüft, ob die erarbeiteten Standards noch den pflegewissenschaftlichen Erkenntnissen entsprechen.

Nach zwei Jahren arbeiten bereits 75% der Vorarlberger Alten- und Pflegeheime mit und nach diesen Standards.

Eine weitere Überprüfung ist für Herbst 2001 vorgesehen, wobei der schon eingesetzte Fragebogen wiederum Verwendung finden könnte.
Das Ergebnis wird in der ARGE Heimleitungen/Pflegeleitungen präsentiert.
Auf die Errichtung eines Kontrollorganes wurde verzichtet. Die Einhaltung der Standards liegt in der Verantwortung der einzelnen Pflegeleitung.

10. Schritt: Manöverkritik

Für alle überraschend war die hohe Rücklaufquote des Fragebogens aus den Heimen.
Die große Resonanz und die hohe Beteiligung von 75% zeigen die Wichtigkeit dieses Projektes klar auf.
Eine Koordinierungsstelle wie sie vom IGK Vorarlberg angeboten wurde, war für das Gelingen dieses Projektes von ausschlaggebender Bedeutung.
Die Motivation der Arbeitsgruppen, das »am Ball bleiben« über einen langen Zeitraum und nicht zuletzt die Wahrung der Kontinuität konnte dadurch gewährleistet werden. Ohne diese übergeordnete Koordination und dem zur Verfügung stellen von personellen Ressourcen, hätte dieses Projekt nicht diesen großen Erfolg verbuchen können.
Erwähnenswert ist auch, dass sich eine Zusammenarbeit mit der Hauskrankenpflege und der Lebenshilfe für gemeinsame Pflegestandards abzeichnet.

Martha Pichler · 92 Jahre

Wir lernen die Menschen nicht kennen, wenn sie zu uns kommen; wir müssen zu ihnen gehen, um zu erfahren, wie es mit ihnen steht.

Johann Wolfgang von Goethe, deutscher Dichter, Kritiker und Naturforscher, 1749-1832

7.1. Stellenbeschreibung
Projektleitung der Qualitätssicherungsgruppe

1. Allgemeines:

Einordnung in das Organigramm:
         Stabstelle der Heimleitung

Weisungsbefugt: Mitglieder der Projektgruppe
         Mitarbeiter aller Berufsgruppen,
         wenn deren Arbeitsbereich durch
         ein laufendes Projekt tangiert wird.

2. Ziel der Stelle:

Koordination und Sicherstellung der Kontinuität der Projektarbeit.
Erreichung der Problemlösung durch Einhalten der erarbeiteten Qualitätssicherungsstandards.

3. Aufgaben und Kompetenzen:

Nach Rücksprache mit der Heimleitung, stellt die Projektleitung die Projektgruppe zusammen und kann auch Projektmitglieder aus der Gruppe entlassen. Eine Information darüber erfolgt sofort an die Heimleitung

Einberufung und Leitung von regelmäßigen Sitzungen, die auch verpflichtend angeordnet werden können.

Zuteilung und Koordination von Einzelaufträgen an die Mitglieder der Projektgruppe und gegebenenfalls an andere Mitarbeiter im Hause.

Die Projektleitung ist verantwortlich für die Protokollierung der Sitzungen und tangierend geführter Gespräche sowie der gesamten Dokumentation.

Regelmäßige Information an die Qualitätssicherungskommission, besonders bei Problemen in der Projektarbeit.

Die Projektleitung initiiert rechtzeitige Informationen, Informationsveranstaltungen und ist für die Public Relation der Qualitätssicherung federführend.

7.2.

Aufgaben der Bezugsperson

➤ Die Bezugsperson ist eine diplomierte Pflegekraft
➤ Die Gespräche im Rahmen des Aufnahmeprozederes werden **immer** von einer diplomierten Pflegeperson durchgeführt.
➤ Die Bezugsperson plant,
> dokumentiert,
> überprüft und
> führt die Pflege nach den Prinzipien des Pflegeprozesses durch
➤ Die Bezugsperson beurteilt und gewichtet mit dem/r PatientIn/Angehörigen die zumutbaren Eigenaktivitätsmöglichkeiten und gestaltet daraus gemeinsam den Tages- bzw. Wochenplan.
➤ Alle Gespräche, die von Mitgliedern des interdisziplinären Teams geführt werden, und die Betreuung zum Inhalt haben, müssen im Beisein der Bezugsperson geführt werden.
Bei Abwesenheit der Bezugsperson nimmt die Tagesbegleitperson an diesen Gesprächen teil.
➤ Die Bezugsperson ist direkte Kontaktperson zu anderen Diensten, organisiert die Standortgespräche und führt diese durch.
➤ Für die Entlassung hat die Bezugsperson sämtliche Vorbereitungen zu treffen (siehe Check-Liste).
➤ Die Belange der Übergangspflege sind besonders zu berücksichtigen. Der Abschlussbericht ist von der Bezugsperson innerhalb von drei Tagen zu verfassen.

➤ Das Pflegebegleitschreiben ist von der Bezugsperson so abzufassen, dass es bei der Entlassung mitgegeben werden kann.

In Ausnahmefällen kann nach eingehender Besprechung im interdisziplinären Team der Wechsel der Bezugsperson erfolgen. Dies ist natürlich auch auf Antrag von PatientInnen und/oder deren Angehörigen möglich.

Bezugspersonen können bei Anwesenheit folgende Aufgaben nicht delegieren:
⇨ die Gespräche im Rahmen des Aufnahmeprozedere
⇨ die Planung, die Dokumentation und die Überprüfung der Pflege
⇨ das Standortgespräch und Gespräche, die die Betreuung zum Inhalt haben.

Aufgaben des/r Pflegehelfers/in als Tagesbegleitperson

⇨ Die Tagesbegleitperson stellt ein wichtiges Bindeglied zwischen der Bezugsperson, den PatientInnen und deren Angehörigen dar.

⇨ Sie führt selbstständig die ihr übertragenen Arbeiten durch und dokumentiert diese.

⇨ Die Tagesbegleitperson führt in Zusammenarbeit mit einer diplomierten Pflegekraft die Aufnahme durch. Sie ist mitverantwortlich für eine ruhige und korrekte Durchführung und für einen freundlichen Empfang auf der Station. Sie ist maßgeblich an der zuvorkommenden und professionellen Aufnahmeatmosphäre beteiligt.

⇨ Alle Gespräche, die von Mitgliedern des interdisziplinären Teams geführt werden, und die Betreuung zum Inhalt haben, müssen im Beisein der Bezugsperson geführt werden.
Bei Abwesenheit der Bezugsperson nimmt die Tagesbegleitperson an diesen Gesprächen teil.

⇨ Von der Tagesbegleitperson erhalten die PatientInnen mindestens eine Einzelzuwendung am Tag. Diese Einzelzuwendung erfolgt in Einklang mit der Pflegeplanung und dem erarbeiteten Tages- bzw. Wochenplan. Sie ist von der Tagesbegleitperson zu dokumentieren.

⇨ Die geplante Grundpflege wird von der Tagesbegleitperson eigenverantwortlich durchgeführt, Besonderheiten rapportiert und an die Bezugsperson weitergegeben.

⇨ Alle Informationen, die für die weitere Planung der Pflege und Betreuung wichtig sind, werden unverzüglich der Bezugsperson zur Kenntnis gebracht und rapportiert.

⇨ Bei der Entlassung der PatientInnen führt die Tagesbegleitperson die ihr übertragenen Arbeiten selbstständig durch. Sie ist bei der Administration und Abwicklung der Entlassungsvorbereitung den PatientInnen und deren Angehörigen behilflich.

Als Tagesbegleitperson können auch Diplomierte, Schüler und Praktikanten eingesetzt werden.
(SchülerInnen und PraktikantInnen haben im Gegensatz zu PflegehelferInnen keinen oder einen anderen eigenverantwortlichen Tätigkeitsbereich.)

7.4. Checkliste
zur Vorbereitung der Entlassung
und für die Entlassung von PatientInnen

Vor der Entlassung zu organisieren und/oder zu planen:

durchge-   Hand-
führt am: zeichen

☐ —— —— Schulungen, wie z.B. s.c.-Spritzen, spezielle Verbände,
☐ —— —— Unterweisung der Angehörigen, PEG-Sonde, Stoma, etc.
☐ —— —— Beratungen, wie z.B. Diäten, spezielle Verhaltensweisen,
☐ —— —— Organisation von Heilbehelfen, Prothesen, Krücken, Gehstock oder andere Hilfen
          Information und/oder Informationsschreiben über verschiedene Krankheitsbilder
          in der Geriatrie oder
☐ —— —— Hinweis auf die PatientInnen-Bibliothek der Praxisgruppe
☐ —— —— Hauskrankenpflege: rechtzeitige Information und Koordination,
          rechtzeitige Vereinbarung über Zeitpunkt der Entlassung
☐ —— —— Information an weitere soziale Dienste

Anmerkungen über weitere Punkte die **vor** der Entlassung wichtig sind: ....

....

....

Für die Entlassung zu erledigen:

durchge-   Hand-
führt am: zeichen

- Entlassungsgespräch (Arzt, Bezugsperson)
- Arztbrief
- Rezept (evtl. Medikamente), Medikamentenplan
- Ausweise, wie z.B. Diabetes, Antikoagulantien, Allergie,
- Bestätigungen, Atteste
- Pflegebegleitschreiben
- Verordnungsschein für die Heilbehelfe
- Röntgenkopien, mitgebrachte Befunde und Röntgenbilder
- Laufzettel mit Terminen für Ambulanzen, Physiotherapie, Arztbesuch, Sonstiges
- Transportschein, Rettung, Behindertentaxi
- Portier abmelden, Standbuch

Anmerkungen über weitere Punkte die **für** der Entlassung wichtig sind: ....

....

....

7.5 Aktivitätenblatt

Name: Abteilung: Monat: Jahr

Dokumentation der Betreuungs-/Pflegetätigkeiten	1.	2.	3.	4.	5.	6.	7.	8.	9.	10.	11.	12.	13.	14.	15.
Grundpflege mit Handzeichen															
Einzelgespräch															
Angehörigengespräch															
Aktivitäten: Basteln															
Spaziergang															
Gesellschaftsspiele															
Kirchgang															
Ausflug															
sehr wichtige Information im Pflegebericht															
Beurlaubung															
Besuch															
Krisenintervention															
besondere Vorkommnisse															
individuelle Aktivitäten:															

7.6 Literatur

Baartmans, Paul C. M. / Geng, Veronika: Qualität nach Maß. Entwicklung und Einführung von Qualitätsstandards im Gesundheitswesen. Verlag Hans Huber, Bern 2000

Blonski, Harald: Qualitätsmanagement in der Altenpflege. Methoden, Erfahrungen, Entscheidungshilfen. B. Kunz Verlag, Hagen 1997

Bundesministerium für Arbeit und Sozialordnung (Hrsg.): Symposium der Qualitätssicherung, Gesundheitsforschung Nr. 203, Bonn 1990

Bundesministerium für Arbeit und Sozialordnung (Hrsg.): Qualitätssicherung pflegerischer Arbeit im Krankenhaus. Gesundheitsforschung Nr. 128, Bonn 1985

Bundesministerium für Arbeit und Sozialordnung (Hrsg.): Qualitätssicherung und -kontrolle pflegerischer Arbeit im Krankenhaus. Forschungsbericht Nr. 84, Bonn 1983

Österr. Bundesministerium für Gesundheit und Konsumentenschutz: Leitfaden zur Qualitätssicherung im Krankenhaus. Hinweise für die praktische Anwendung. Wien 1994

Donabedian, Avedis: Evaluating the Quality of Medical Care. Milbank Memorial Fund Quaterly 44: 166-203, 1966

Eichhorn, Siegfried: Integratives Qualitätsmanagement im Krankenhaus. Kohlhammer Verlag, Stuttgart 1997

Görres, Stefan: Qualitätszirkel in der Alten- und Krankenpflege. DKZ 5/1992

Hauke, Eugen (Hrsg.): Qualitätssicherung im Krankenhaus. Ansätze zur Evolution und Verbesserung der Krankenhausversorgung. C. Ueberreuter, Wien 1991

Hauke, Eugen (Hrsg.): Qualität im Krankenhaus. Die Referate des 12. österreichischen Krankenhaustages 1989, 7.-10. November 1989. Service Fachverlag, Wien 1990

Hauke, Eugen: Organisatorische Gestaltung im Krankenhaus. Ein Leitfaden für Führungskräfte. Göschl Verlag, Wien 1987

Held, Barbara / Russ-Mohl, Stephan (Hrsg.): Qualität durch Kommunikation sichern. Vom Qualitätsmanagement zur Qualitätskultur. Erfahrungsberichte aus Industrie, Dienstleistung und Medienwirtschaft. F.A.Z.-Institut 2000

Hoeth, Ulrike / Schwarz, Wolfgang: Qualitätstechniken für die Dienstleistung. Die D 7. Hrsg. von Gerd F. Kamiske. C. Hanser Verlag (Pocket Power), München 1997

Kaltenbach, Tobias: Qualitätsmanagement im Krankenhaus. Qualitäts- und Effizienzsteigerung auf der Grundlage des Total Quality Management. 2. Auflage. Verlag Bibliomed, Melsungen 1993

Korn, Angela (Hrsg.): Qualitätssicherung in der psychiatrischen Krankenpflege. Fakultas Verlag, Wien 1995.

Korn, Angela / Helm-Kerkhoff, Carolin: Qualitätssicherung in der allgemeinen Krankenpflege. Fakultas Verlag, Wien 1994

Muphy, John A.: Dienstleistungsqualität in der Praxis. C. Hanser Verlag, München 1994

Nagorny, Heinz-Otto / Plocek, Michael (Hrsg.): Praxishandbuch Qualitätsmanagement Krankenhaus. Erfolg durch Qualität. Baumann (ku-profi-Reihe), Kulmbach 1997.

Peterander, Franz / Speck, Otto (Hrsg.): Qualitätsmanagement in sozialen Einrichtungen. E. Reinhardt, München 1999

Schmitz, Mario / Hofmann, Werner: Qualitätsmanagement für Senioreneinrichtungen. DIN EN ISO 9001 - § 80 SGB XI – Aus der Praxis für die Praxis. Hrsg.: Medico Plan in Zusammenarbeit mit dem TÜV Süddeutschland. Schlütersche Verlagsanst. Hannover 2000

Sperl, Dieter: Qualitätssicherung in der Pflege. 2. Auflage. Schlütersche Verlagsanst. Hannover 1996

Sprenger, Reinhard K.: Mythos Motivation. Wege aus der Sackgasse. Campus Verlag, Frankfurt 2000 (Limitierte Jubiläumsausgabe)

Sprenger, Reinhard K.: Das Prinzip der Selbstverantwortung. Wege zur Motivation. Campus Verlag, Frankfurt 1999

Weiß, Peter: Praktische Qualitätsarbeit in Krankenhäusern. ISO 9001:2000, Total Quality Management (TQM). Springer-Verlag, Wien 2000.

Seminare zum Buch

▶ Möchten Sie nach diesem Leitfaden und der Autorin an Ihren Qualitätsproblemen arbeiten?

▶ Möchten Sie mit der Autorin andere Fragestellungen bearbeiten?

Folgende Seminare mit **Angela C. Korn** können Sie buchen:

⇨ Qualitätsstandortbestimmung
⇨ Qualitätsmanagement
⇨ Qualitätssicherungsprojekte
⇨ problemorientierte Projektarbeit
⇨ Beschwerdemanagement
⇨ Gesprächsführung/Motivation
⇨ Pflegedokumentation/Pflegeplanung

... eMail: angela.korn@telering.at

... Internet: www.quality-bureau.com

... eMail: kontakt@quality-bureau.com

Fordern Sie Informationsmaterial an!

Angela Carola Korn

Über 25 Jahre Erfahrung im Bereich Ausbildung und Management im Gesundheitswesen.

Seit 1991 praktische Erfahrung in der Qualitätssicherung, Aufbau des Qualitätsmanagement in mehreren Spitälern, Schulungen und externe Beratungen in Institutionen des Gesundheitswesens und Leitung und/oder Begleitung von über 40 Projekten.

Autorin mehrerer Fachartikel und Bücher zum Thema Qualitätssicherung.